¡vaya!
nuevo

Michael Buckby
Michael Calvert

Nelson

1

Thomas Nelson and Sons Ltd
Nelson House Mayfield Road
Walton-on-Thames Surrey
KT12 5PL UK

© Michael Buckby, Michael Calvert 1994

First published by Thomas Nelson and Sons Ltd 1994

ɪ⊤ᴘ® Thomas Nelson is an International
Thomson Publishing Company

ɪ⊤ᴘ® is used under licence

ISBN 0-17-439667-8
NPN 9 8

Printed in China

Acknowledgements

The publisher and authors wish to acknowledge the
contribution of the following in the preparation of the
manuscript for this new edition.

Maureen Ahearn
Elisa Beltrán Salvador
Ruth Gracey
Marie Layng
Rosario Moralejo
Christine Newsham
Christina Stanford
Andrew Swallow
Brian Young

PHOTOGRAPHS
AGE Fotostock
John Birdsall
Adrian Bainbridge
John Glynn
Victoria Haigh
Ken Hall
REX Features
David Simson
The Hutchinson Library
The Image Bank
Thomson Tour Operations Ltd.

ILLUSTRATIONS
Simon Burr
Judy Byford
Helen Herbert
Michael Hill
Peter Marsh
Tony Meher
Paul Morton
Julia King
Maggie Ling
Jeremy Long
Caroline Porter
Lucy Richardson
Tony Richardson
John Wood
Sharon Wood

¡vaya!

nuevo

Bienvenidos al español

Spanish is one of the most important languages in the world. It is spoken in more than 20 countries. Spanish can be useful to you both for work and travel. More and more firms are doing business with Spain and Latin America, they are looking for people at all levels who speak Spanish. As for travelling, the advantages of being able to speak and understand the language are tremendous.

Whether it's for work or holidays *¡Vaya! nuevo* will help you to cope with most situations.

We hope you enjoy it.

Did you know ...

- that Spanish is the third most spoken language in the world?

- that it is an important language in some Southern States of USA and signs are often written in both Spanish and English?

- that Spanish is spoken by 300 million people worldwide?

- that it is the language of the largest city in the world, Mexico City?

- that 6 million Britons spend their holidays in Spain each year?

- that it is spoken by 90 million people in Mexico alone?

¿Vale?

Here are some of the things you will be able to do when you've finished this book. How important do you think each one is for someone visiting Spain?

¡Hola!

¡Hola! ¿Qué tal?

1 greet and say goodbye to people

2 ask the way and get around on your own

¿Dónde está el Hotel Oriente, por favor?

3 ask for brochures and information at the Tourist Office

¿Tiene una lista de hoteles por favor?

Una Coca-Cola, por favor.

4 order what you want in cafés and restaurants

5 talk about yourself, family and pastimes

Tengo un conejo y tengo un hermano .

6 buy what you want in shops

Quiero dos postales y dos sellos para Inglaterra, por favor.

A mí me gustan los helados.

8 say what is wrong with you if you fall ill

7 talk about what you like and dislike

Me duele la cabeza.

En esta unidad, aprenderás a:

Buenos días.

saludar a otros

¿QUE TAL SANCHO?

¡ESTUPENDO!

decir cómo estás

De Málaga.

¿De dónde eres?

Málaga

Nuria Miguel Sarah David Ana Concha Michael

decir tu nombre

decir de dónde eres

Escucha la cinta.

Prepara este diálogo con tu pareja.

entender instrucciones en español en *¡Vaya!*

Buenos días

Mira las fotos y escucha la cinta.

1 Buenos días, señora.

2 Buenos días, señorita.

3 Buenas tardes, señor.

4 Hola Juan.

5 Hola papá.

Escucha y repite.

Escucha otra vez, y túrnate con tu pareja.

Ejemplo:

Buenas tardes, señor.

Buenas tardes.

¿Qué tal?

Hola, ¿qué tal?

estupendo

bien

regular

mal

fatal

Escucha la cinta.

¿Cómo están? ¿Dicen lo que piensan?

Practica diálogos con tu pareja.

Ejemplo:

Hola, ¿qué tal?

Bien gracias, ¿y tú?

Pues, regular.

SANCHO Y PANZA

HOLA PANZA

HOLA SANCHO ¿QUE TAL?

FATAL, FATAL

YO TAMBIEN

¡ADIOS!

ADIOS.

¿Cómo te llamas?

Escucha la cinta y lee.

Practica con tu pareja.

Ejemplo:

Me llamo Pablo, ¿y tú?

Me llamo Ana.

Mucho gusto.

 Preséntate a 5 personas de tu clase.

Ejemplo:

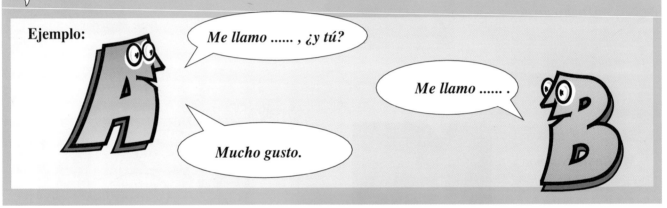

Me llamo ......, ¿y tú?

Me llamo ....

Mucho gusto.

Mucho gusto

 Prepara este diálogo con tu pareja.

Estás en el bar.
Preséntate al chico o a la chica de la foto.

Ejemplo:

Hola.

Hola, ¿qué tal?

Bien, gracias, ¿y tú?

¡Estupendo!

¿Cómo te llamas?

Me llamo Ana, ¿y tú?

Me llamo Peter.

¿De dónde eres?

Mira el mapa de España y escucha.

Nota los nombres de las personas del sur de España. ¡Puedes necesitarlo!

¿De dónde eres?

Ana

Soy de Málaga.

Ejemplo: Ana - Málaga

EL MAPA

PORTUGAL

SANTANDER

MADRID

BARCELONA

ESPAÑA

CÓRDOBA

ANDALUCÍA

MÁLAGA · GRANADA

11

Isabel

Susana

José

Miguel

Nuria

¿De dónde eres?

Túrnate con tu pareja.

Ejemplo:

¿De dónde eres?

Soy de Aberdeen.

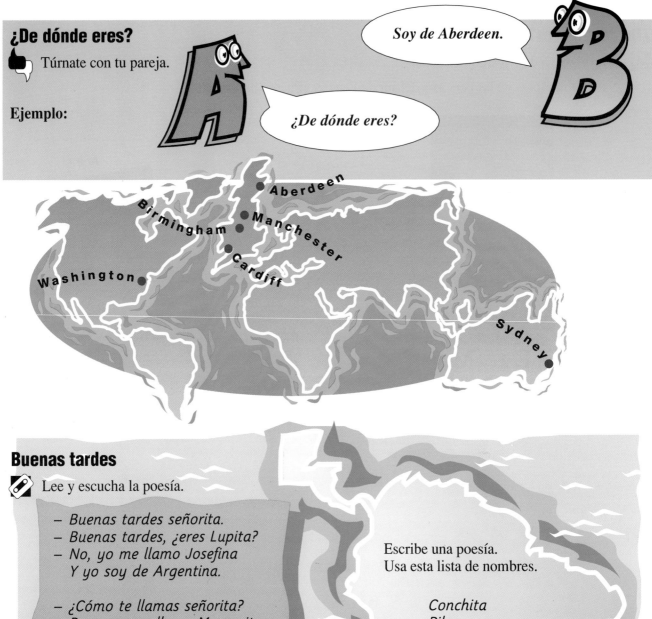

Aberdeen

Birmingham

Manchester

Cardiff

Washington

Sydney

Buenas tardes

Lee y escucha la poesía.

– *Buenas tardes señorita.*
– *Buenas tardes, ¿eres Lupita?*
– *No, yo me llamo Josefina*
  Y yo soy de Argentina.

– *¿Cómo te llamas señorita?*
– *Pues, yo me llamo Margarita.*
– *¿Margarita?*
– *Sí, Margarita Vidal,*
  Y tú señorita, ¿qué tal?
– *Pues yo estoy regular*
  Y esta poesía ... FATAL.

Escribe una poesía.
Usa esta lista de nombres.

Conchita
Pilar
Pascual
Anita
Nicanor
Manuel
Miguel
Augusto
Carmencita

Ahora sé ...

How to greet a Spanish-speaking person ●●●●●●●●●●●●●●●●●●●●●●●●●●●

Buenos días, señor	Good morning (to a man)
Buenos días, señora	Good morning (to a woman)
Buenos días, señorita	Good morning (to a young woman or girl)
Buenas tardes	Good afternoon, Good evening
Hola.	Hello.
Adiós.	Goodbye.
¿Qué tal?	How are you?
¿Y tú?	And you?
Gracias.	Thank you.
Estupendo.	Great.
Bien.	Fine. or Good.
Regular.	So-so.
Mal.	Not so good.
Fatal.	Terrible.
Mucho gusto.	Pleased to meet you.

How to ask people their name ... ●●●●●●●●●●●●●●●●●●●●●●●●●●●●●●

¿Cómo te llamas?	What's your name?
Me llamo Mike.	My name is Mike.

... and where they are from ●●●●●●●●●●●●●●●●●●●●●●●●●●●●●●●

¿De dónde eres?	Where are you from?
Soy de York.	I'm from York.

También sé ... ●●●●●●●●●●●●●●●●●●●●●●●●●●●●●●●●●●●●

some instructions that are used in the book, for example:

Escucha la cinta y repite.	Listen to the cassette and repeat.
Túrnate con tu pareja.	Take turns to practise with your partner.
Lee.	Read.
Prepara este diálogo con tu pareja.	Prepare this dialogue with your partner.

Check back over the unidad to make sure you understand all the instructions in Spanish.
Make a note of any words that you still don't know and ask the teacher.

En esta unidad, aprenderás:

Abre la puerta, por favor.

el vocabulario de la clase

¿Qué significa 'siéntate', por favor?

a entender instrucciones

unas expresiones importantes

El vocabulario de la clase

Mira los dibujos y lee el vocabulario.

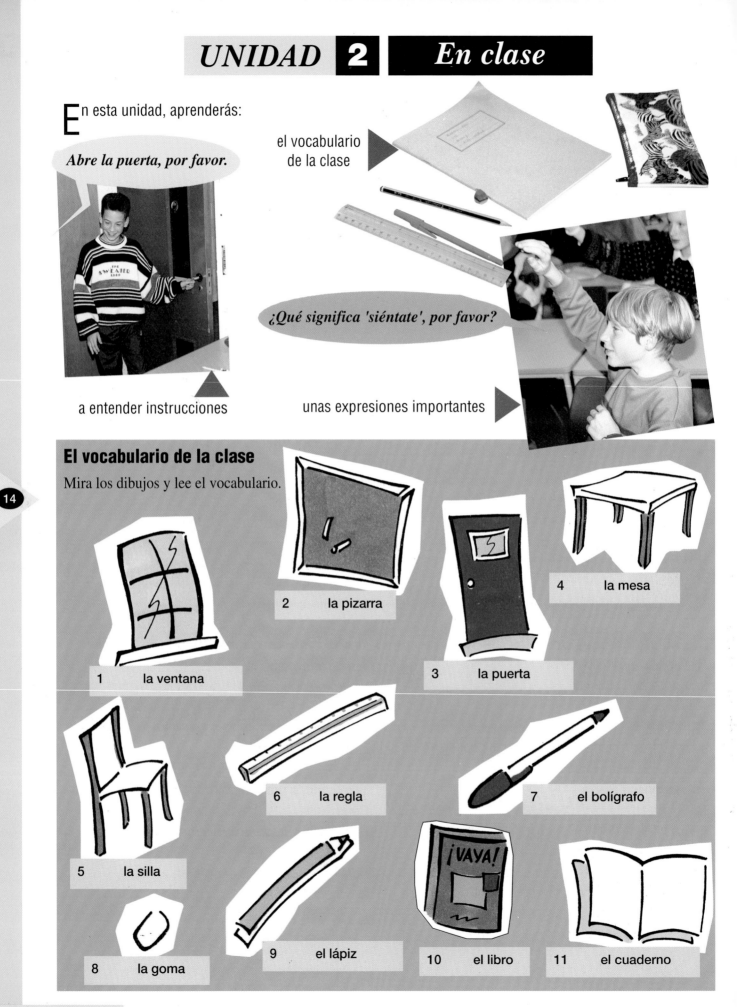

1 la ventana

2 la pizarra

3 la puerta

4 la mesa

5 la silla

6 la regla

7 el bolígrafo

8 la goma

9 el lápiz

10 el libro

11 el cuaderno

Mira estas instrucciones:

abre	open
cierra	close
saca	take out
mira	look

Tú puedes escribir instrucciones.

Usa esta tabla:

Ejemplo:

Abre la ventana, por favor.

Abre	la puerta,	
	tu libro,	
Saca	la ventana,	
	tu bolígrafo,	
	tu cuaderno,	por favor.
Cierra	la pizarra,	
	tu regla,	
Mira	tu goma,	

¿Qué dice la profesora?

Mira los dibujos y lee las instrucciones.

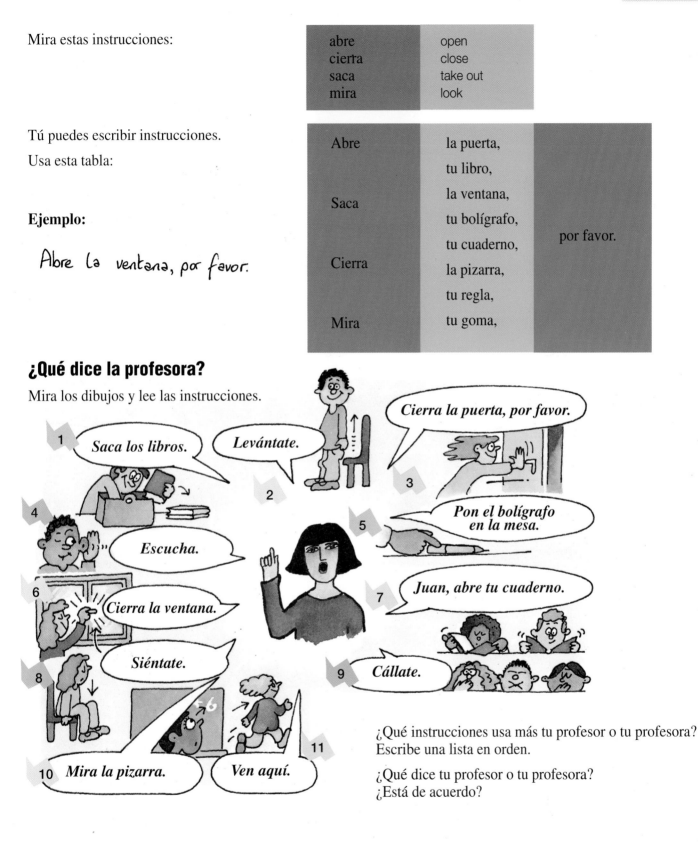

1 Saca los libros.

2 Levántate.

3 Cierra la puerta, por favor.

4 Escucha.

5 Pon el bolígrafo en la mesa.

6 Cierra la ventana.

7 Juan, abre tu cuaderno.

8 Siéntate.

9 Cállate.

10 Mira la pizarra.

11 Ven aquí.

¿Qué instrucciones usa más tu profesor o tu profesora?
Escribe una lista en orden.

¿Qué dice tu profesor o tu profesora?
¿Está de acuerdo?

Escucha las instrucciones y lee.
¿Está enfadada la profesora, sí o no?

Ejemplo: 1 — no

Pasar lista

 Escucha la cinta. Estás en una escuela española.
¿Cómo se dice *present* en español? ¿Y *absent*?

Juan Rodríguez.

Presente, profesor.

Antonio Gil.

Ausente, profesor.

Simón dice

 Escucha la cinta.

Ejemplo:

Simón dice:
abre la puerta.

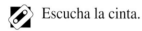

Simón dice:
siéntate.

Levántate.

El profesor me fastidia

 Lee y escucha la canción.

1 El profesor me fastidia
Qué sí, qué sí, qué sí;
Levántate, cállate, siéntate
Siempre me dice a mí.

2 El profesor me fastidia
Qué sí, qué sí, qué sí;
Saca tu boli, tu libro, tu regla
Siempre me dice a mí.

3 El profesor me fastidia
Qué sí, qué sí, qué sí;
Abre, cierra, abre, cierra
Siempre me dice a mí.

4 El profesor me fastidia
Qué sí, qué sí, qué sí;
Escucha, escribe, lee, habla
Siempre me dice a mí.

5 El profesor no me gusta
Qué no, qué no, qué no;
Qué no me gusta nada
Siempre me digo a mí.

6 Un día seré profesora
Qué sí, qué sí, qué sí;
A mí también ME FASTIDIA
Siempre me dirán a mí.

Vocabulario

boli (bolígrafo)	pen, biro
dice	says
dirán	they will say
fastidia	annoys
no me gusta nada	I don't like at all
profesora	female teacher
seré	I will be
siempre	always

Sancho y Panza

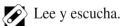 Lee y escucha.

por favor	please
hasta mañana	see you tomorrow

Tengo un problema

> So much for what the teacher says.
> What can I say when I want help?

No tengo libro.	I haven't got a book.
¿Puedes repetir, por favor?	Can you repeat please?
¿Cómo se dice *ruler* en español?	What's the Spanish for 'ruler'?
¿Qué significa 'lápiz' en inglés?	What does *lápiz* mean in English?
No lo sé.	I don't know.
No lo entiendo.	I don't understand.

¿Qué significa estos símbolos?

¡Tú puedes dibujarlos mejor!
Dibuja y enumera símbolos, y practica con tu pareja:

Ejemplo:

¿Qué significa número 1?

¿Cómo se dice pencil en español?

Muy bien.

¿Es importante o no?

Escucha la cinta.
¿Tiene un problema o no el estudiante?

Does he really need to?

Te toca a ti

Mira los dibujos y escucha a tu profesor o a tu profesora.

Pronunciación

 Escucha y lee.

What do all these words have in common?

página, bolígrafo, levántate, aquí, adiós, lápiz, cállate, introducción

Which part of the word is stressed? Listen to the words again and repeat them after the cassette, then with the cassette and finally without the cassette. You will notice that the accent ´ shows which part of the word is to be stressed.

You can now say words that you haven't met before. Say where the following people come from:

á é

í ú

ó

Ejemplo: *Tomás es de Canadá.*

CANADÁ

Tomás

Córdoba

Málaga

César

Ramón

PERÚ

María

Ahora sé ...

some classroom vocabulary and instructions ●●●●●●●●●●●●●●●●●●●●●●●●●●●●●●●●●●●●●

Cierra la puerta.	Close the door.
Ausente.	Absent.
Presente.	Present.
Abre la ventana.	Open the window.
Ven a la pizarra.	Come to the blackboard.
Siéntate en la silla.	Sit on the chair.
Levántate.	Stand up.
¡Cállate!	Be quiet!
Saca tu cuaderno.	Take out your exercise book.
Pon la goma, la regla, el lápiz y el bolígrafo en la mesa.	Put the eraser, ruler, pencil and biro on the table.
Ven aquí.	Come here.

how to ask for help in class ●●

No tengo libro.	I haven't got a book.
¿Puedes repetir, por favor?	Can you repeat, please?
No lo sé.	I don't know.
No lo entiendo.	I don't understand.
¿Cómo se dice *exercise book* en español?	How do you say 'exercise book' in Spanish?
¿Qué significa 'cállate' en inglés?	What does *cállate* mean in English?

En esta unidad, aprenderás a:

¿Dónde está el Hotel Las Vegas, por favor?

Tome la primera a la derecha. No está lejos.

preguntar por el camino ...

... y entender direcciones

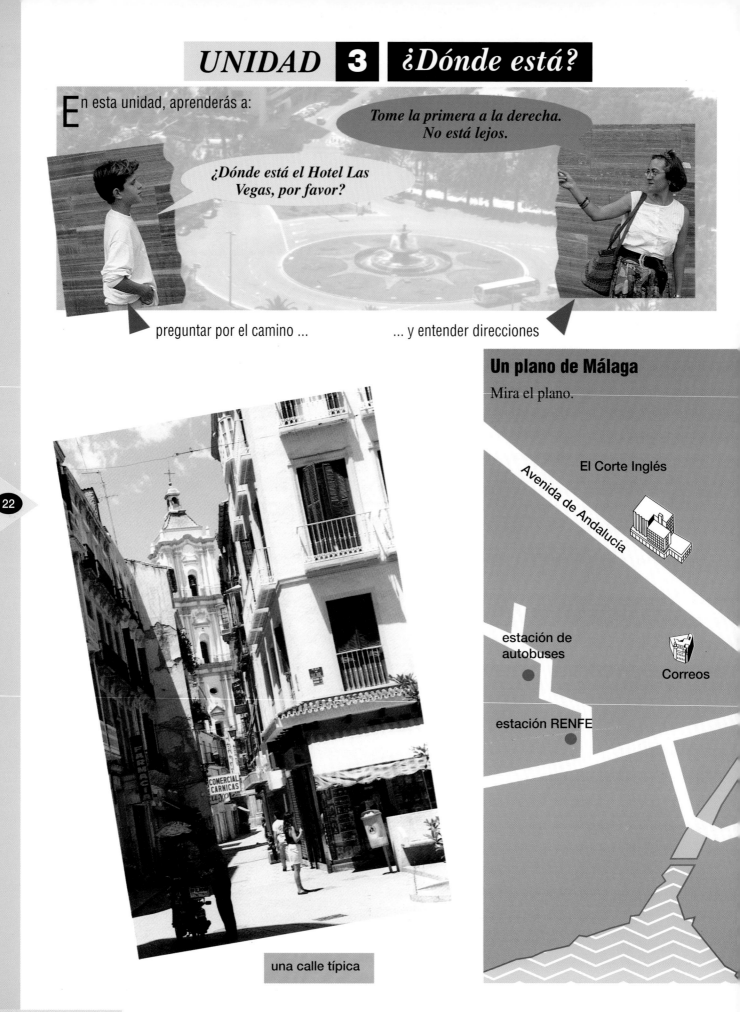

una calle típica

Un plano de Málaga

Mira el plano.

El Corte Inglés

Avenida de Andalucía

estación de autobuses

Correos

estación RENFE

Escucha la cinta.

Señala con el dedo dónde está.

Ejemplo:

Buenos días, ¿dónde está el estadio de la Rosaleda?

El estadio está aquí.

Gracias, adiós.

Adiós.

¿Entiendes las **PALABRAS** en el plano?

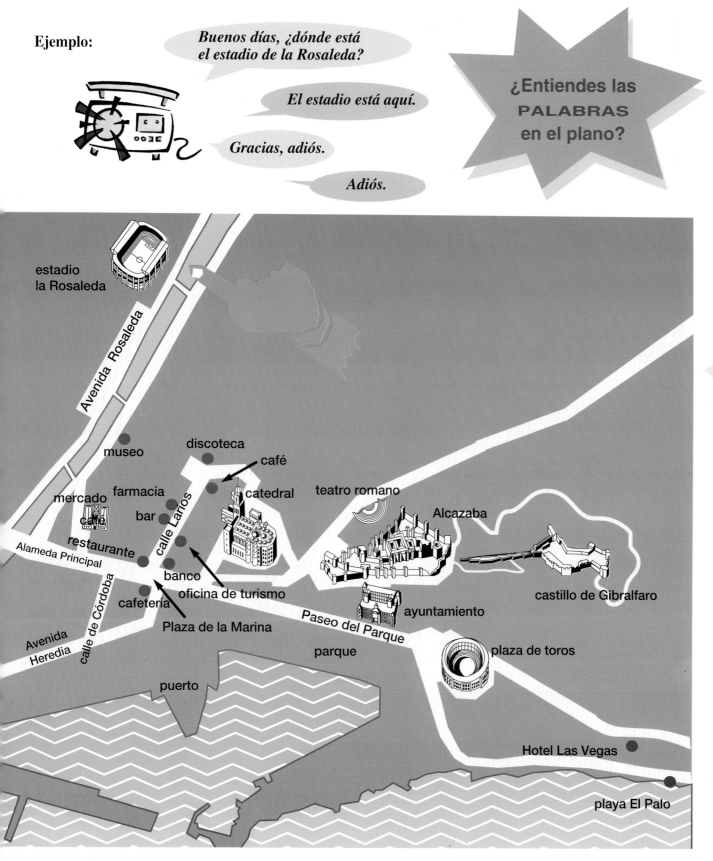

estadio la Rosaleda

Avenida Rosaleda

museo

discoteca

café

farmacia

catedral

teatro romano

mercado

bar

calle Larios

Alcazaba

restaurante

Alameda Principal

banco

oficina de turismo

castillo de Gibralfaro

calle de Córdoba

cafetería

Plaza de la Marina

Paseo del Parque

ayuntamiento

Avenida Heredia

parque

plaza de toros

puerto

Hotel Las Vegas

playa El Palo

¿Hay un banco por aquí?

Escucha la cinta. ¿Adónde van?

Ejemplo: 1 — banco (c)

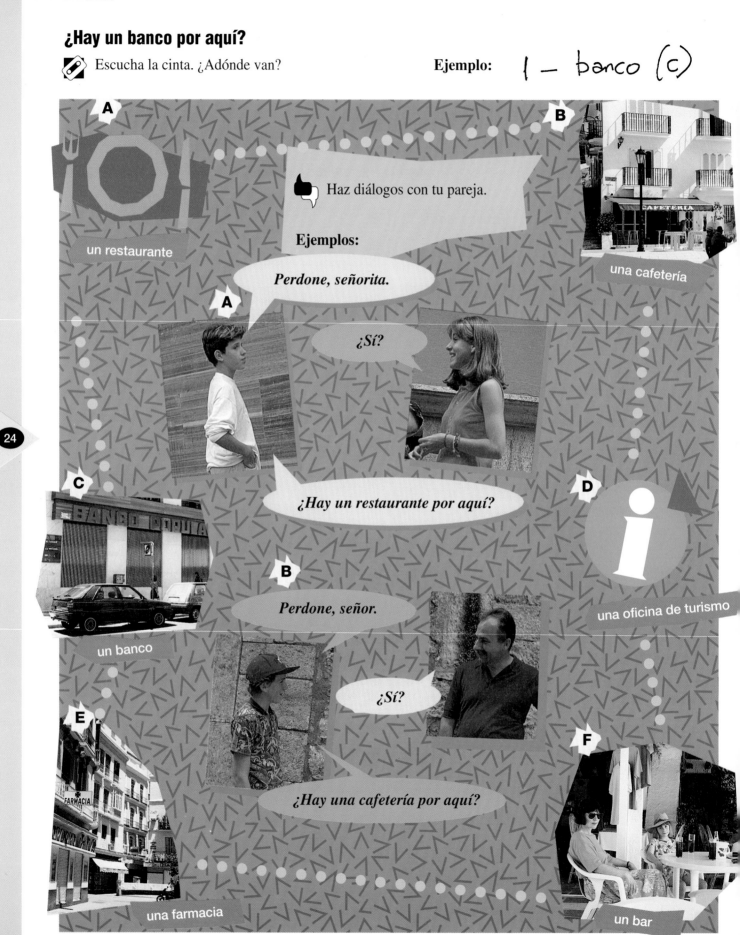

A un restaurante

B una cafetería

Haz diálogos con tu pareja.

Ejemplos:

Perdone, señorita.

¿Sí?

¿Hay un restaurante por aquí?

C un banco

D una oficina de turismo

Perdone, señor.

¿Sí?

E una farmacia

F un bar

¿Hay una cafetería por aquí?

¿Quién va primero?

¡Aquí en clase se habla español!

Ejemplo:

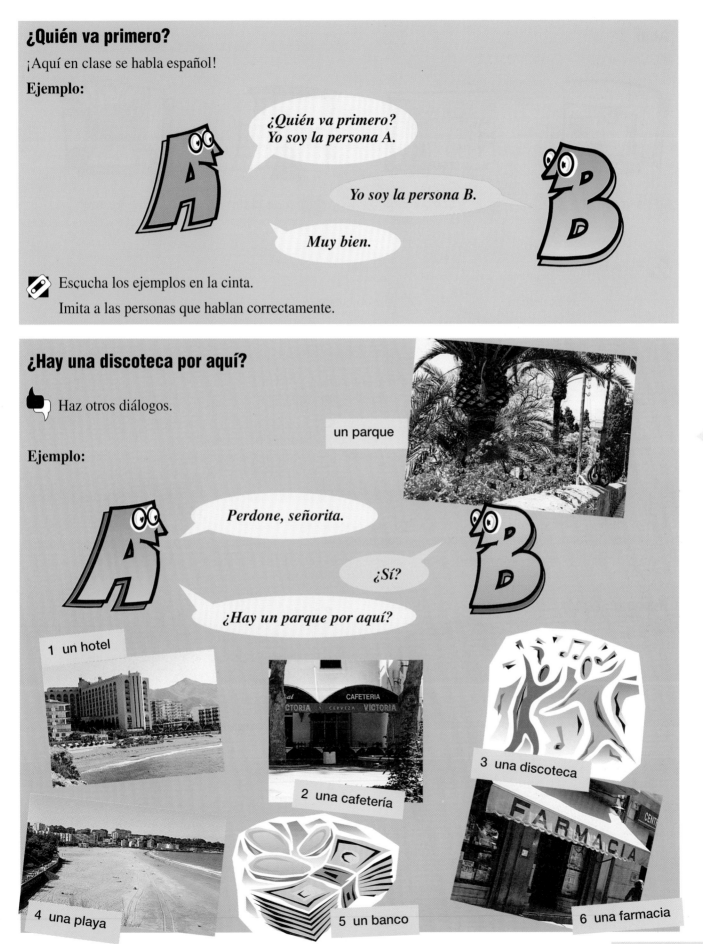

¿Quién va primero?
Yo soy la persona A.

Yo soy la persona B.

Muy bien.

Escucha los ejemplos en la cinta.

Imita a las personas que hablan correctamente.

¿Hay una discoteca por aquí?

Haz otros diálogos.

un parque

Ejemplo:

Perdone, señorita.

¿Sí?

¿Hay un parque por aquí?

1 un hotel

2 una cafetería

3 una discoteca

4 una playa

5 un banco

6 una farmacia

Aquí

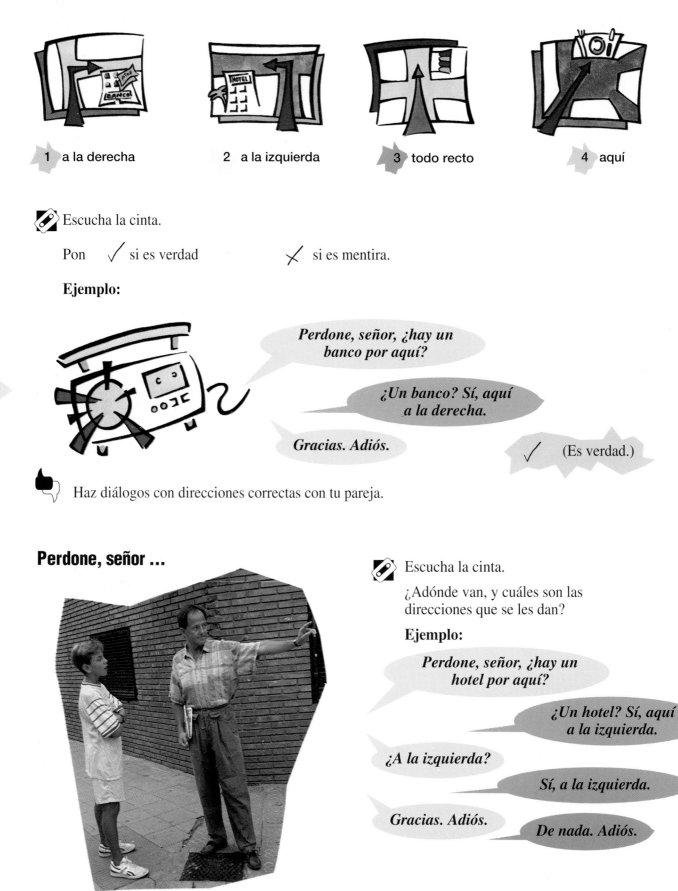

1 a la derecha   2 a la izquierda   3 todo recto   4 aquí

Escucha la cinta.

Pon ✓ si es verdad   ✗ si es mentira.

Ejemplo:

Perdone, señor, ¿hay un banco por aquí?

¿Un banco? Sí, aquí a la derecha.

Gracias. Adiós.

✓ (Es verdad.)

Haz diálogos con direcciones correctas con tu pareja.

Perdone, señor ...

Escucha la cinta.

¿Adónde van, y cuáles son las direcciones que se les dan?

Ejemplo:

Perdone, señor, ¿hay un hotel por aquí?

¿Un hotel? Sí, aquí a la izquierda.

¿A la izquierda?

Sí, a la izquierda.

Gracias. Adiós.

De nada. Adiós.

¿Sí o no?

Lee los diálogos. ¿Qué foto va con qué diálogo?

Ejemplo:

1

Perdone, señora, ¿hay una discoteca por aquí?

Sí, aquí a la derecha hay una.

Gracias, adiós.

2

Perdone, señor, ¿hay un bar por aquí?

Sí, hay uno aquí a la izquierda.

Muchas gracias.

De nada, adiós.

3

Perdone, señorita, ¿hay una farmacia por aquí?

Pues no, por aquí no hay.

Gracias, adiós.

Practica los diálogos con tu pareja.

Vamos a visitar Málaga

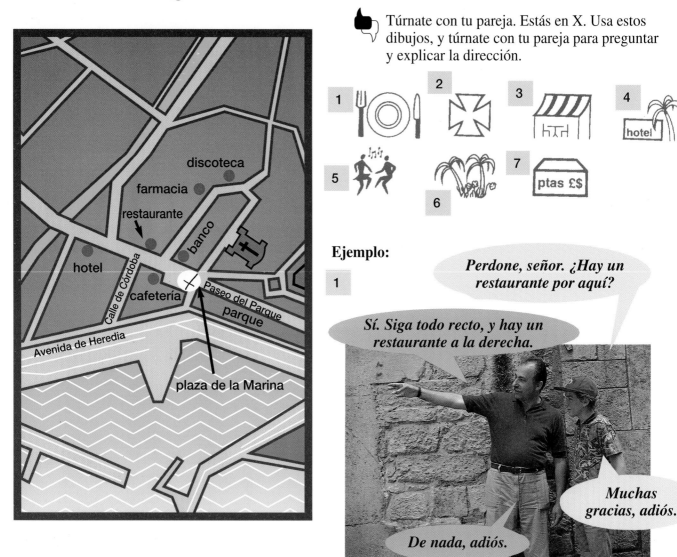

Túrnate con tu pareja. Estás en X. Usa estos dibujos, y túrnate con tu pareja para preguntar y explicar la dirección.

1
2
3
4
5
6
7

hotel

ptas £$

Ejemplo:

1

Perdone, señor. ¿Hay un restaurante por aquí?

Sí. Siga todo recto, y hay un restaurante a la derecha.

Muchas gracias, adiós.

De nada, adiós.

discoteca

farmacia

restaurante

banco

hotel

cafetería

Calle de Córdoba

Paseo del Parque

parque

Avenida de Heredia

plaza de la Marina

En la calle

Mira las fotos.
¿Qué palabras quieren decir *street*, o algo similar?
Si no entiendes, mira el vocabulario en las páginas 153-160, o utiliza un diccionario.

CALLE OVANDO

→ Plaza de Toros
← Archivo Municipal

PASEO DEL PARQUE

CALLE MARQUES DE LARIOS

AVENIDA DE CERVANTES

PASEO DE SANCHA

¿Verdad o mentira?

Mira el plano en las páginas 22 y 23. Túrnate con tu pareja para leer una frase y decir si es verdad o mentira.

Ejemplos:

Hay una cafetería en la plaza.

Hay un parque en la plaza.

Sí, es verdad.

No, es mentira.

1 Pues sí, hay un restaurante en la plaza de la Marina.
2 Bueno, creo que hay una farmacia en la avenida Rosaleda.
3 Pues, la discoteca está en la calle Larios.
4 Hay una cafetería en la plaza de la Marina.
5 Hay un banco en la calle Larios.
6 Hay un hotel en la calle de Córdoba.

¿Dónde está?

Escucha la cinta y señala con el dedo adónde van.

Ejemplo:

Por favor, ¿dónde está la estación?

¿La estación RENFE?

No, la estación de autobuses.

Aquí está

Mira el mapa.
Túrnate con tu pareja para preguntar y señalar con el dedo dónde está.

Ejemplo:

¿Dónde está la iglesia?

Aquí está.

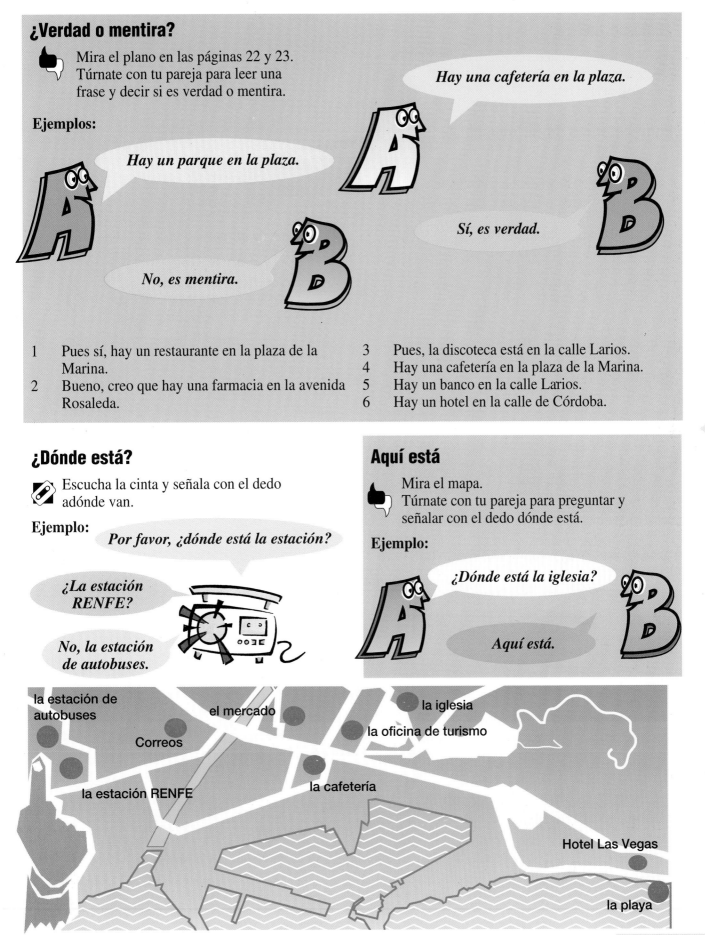

la estación de autobuses

el mercado

la iglesia

Correos

la oficina de turismo

la estación RENFE

la cafetería

Hotel Las Vegas

la playa

¿Está cerca?

Escucha la cinta.
¿Adónde van?
¿Está cerca o lejos?

muy cerca   cerca   lejos   muy lejos

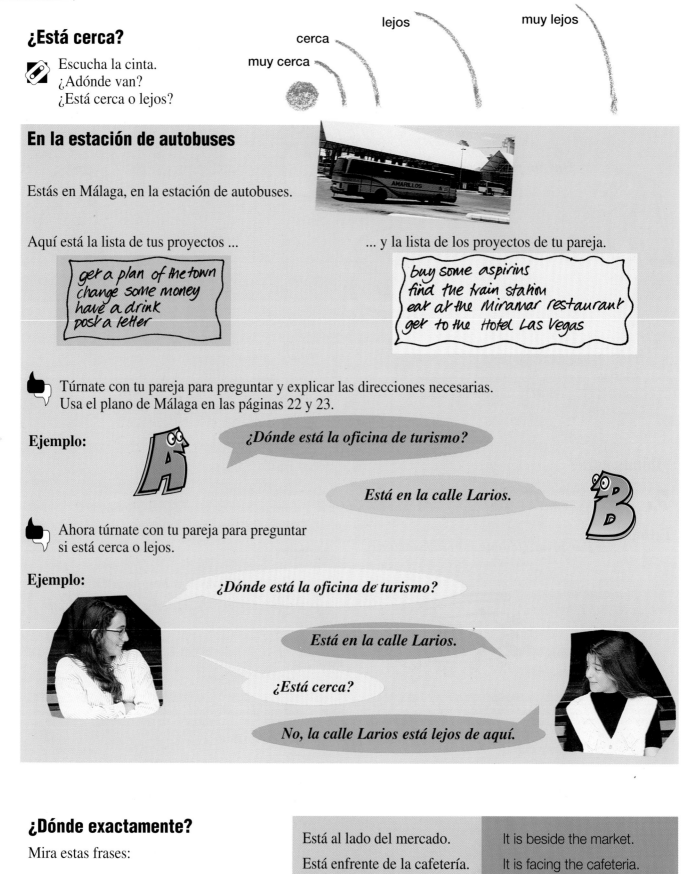

En la estación de autobuses

Estás en Málaga, en la estación de autobuses.

Aquí está la lista de tus proyectos ...

> get a plan of the town
> change some money
> have a drink
> post a letter

... y la lista de los proyectos de tu pareja.

> buy some aspirins
> find the train station
> eat at the Miramar restaurant
> get to the Hotel Las Vegas

Túrnate con tu pareja para preguntar y explicar las direcciones necesarias.
Usa el plano de Málaga en las páginas 22 y 23.

Ejemplo:

> ¿Dónde está la oficina de turismo?
>
> Está en la calle Larios.

Ahora túrnate con tu pareja para preguntar
si está cerca o lejos.

Ejemplo:

> ¿Dónde está la oficina de turismo?
>
> Está en la calle Larios.
>
> ¿Está cerca?
>
> No, la calle Larios está lejos de aquí.

¿Dónde exactamente?

Mira estas frases:

Está al lado del mercado.	It is beside the market.
Está enfrente de la cafetería.	It is facing the cafeteria.
Está al final de la calle.	It is at the end of the street.

30

El Sur

Lee y escribe.

El Sur es un periódico de Málaga. ¿Puedes escribir estos anuncios en inglés para la edición inglesa?

Restaurante *LONJA*
cerca de la plaza de toros

PISCINA
playa alegre
al final del paseo del Parque

Cafetería
MIRAMAR

al lado de Correos

SUR in English

Disco Roxy
cerca de la playa

HOTEL
CANTABRIA

cerca de la estación

¿Por dónde?

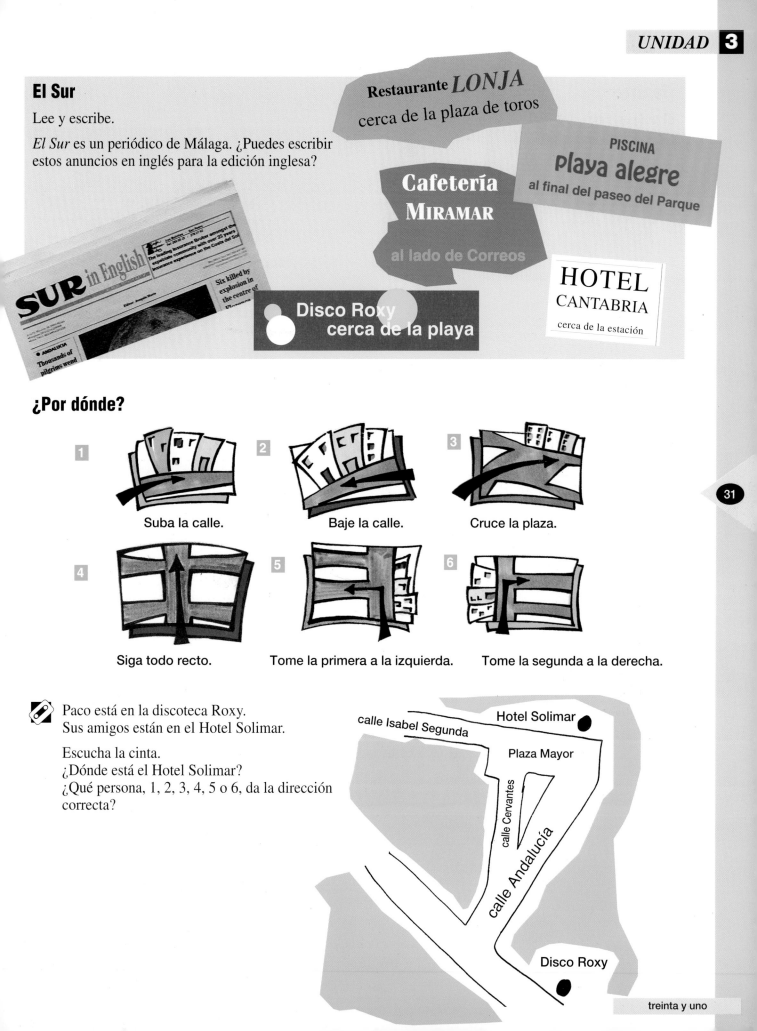

1. Suba la calle.

2. Baje la calle.

3. Cruce la plaza.

4. Siga todo recto.

5. Tome la primera a la izquierda.

6. Tome la segunda a la derecha.

Paco está en la discoteca Roxy.
Sus amigos están en el Hotel Solimar.

Escucha la cinta.
¿Dónde está el Hotel Solimar?
¿Qué persona, 1, 2, 3, 4, 5 o 6, da la dirección correcta?

calle Isabel Segunda

Hotel Solimar

Plaza Mayor

calle Cervantes

calle Andalucía

Disco Roxy

¡Tesoro!

El guía escribe:

Aquí están tus 4 cartas:

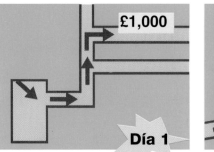 **£1,000** — Día 1

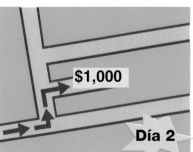 **$1,000** — Día 2

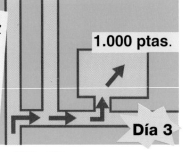 **1.000 ptas.** — Día 3

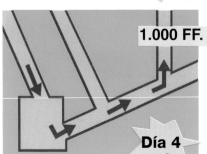 **1.000 FF.** — Día 4

A Spanish newspaper is running a treasure hunt. Four cards, each with the route to a certain amount of money, have been pushed through the door of your holiday apartment.

Over the next four days the directions to various amounts of treasure will be published in the paper. If any one of them describes exactly the route on any of your maps, you win the amount at the end of the route. Let me know if you win anything and how much!

Charlie

Día 1: Cruce la plaza, siga todo recto, tome la primera calle a la derecha.

Día 2: Suba la calle, tome la primera calle a la izquierda y la segunda calle a la derecha.

Día 3: Tome la primera calle a la derecha, la segunda calle a la izquierda y cruce la plaza.

Día 4: Baje la calle, cruce la plaza, suba la calle y tome la primera calle a la izquierda.

¿Has ganado?

¿Por dónde se va?

 Túrnate con tu pareja para preguntar por los lugares en los dibujos ...

... y para explicar las direcciones.

Ejemplo:

¿Por dónde se va a la playa?

Siga todo recto.

Una visita

Escribe direcciones para un amigo español.

Ejemplo:

De la estación, baje la calle, luego tome la segunda calle a la derecha, siga todo recto, tome la primera a la izquierda y mi casa está al final de la calle.

Aprender a aprender

This *unidad,* like all the *unidades* of *¡Vaya! nuevo* contains a number of new words. You should learn all the key words by the end of each unit. What is the best way of learning them? The answer is that people learn in different ways. You must find the way that suits you best. Some ideas are given below.

As for finding out if you know all the words, the best way is to test yourself or, better still, work with your partner and test each other.

Here are a few ideas for learning vocabulary:

• Write out a list of ten new Spanish words with the English translation alongside.

• Cover up the English version of each word and translate the Spanish and then vice versa.

• Draw symbols for the vocabulary or phrases (for example directions) and practise saying them out loud. With your partner test each other, one of you draws a symbol and the other has to work out how to say it in Spanish.

• Record the vocabulary and phrases on cassette, first the English, then a pause, then the Spanish. Play the cassette back and try to say the Spanish before you hear it on the cassette.

What other techniques can you think of? Try them out and see which work best for you.

La llave

Do you realise that you can already recognise many Spanish words you have never met before? Words like *fiesta, siesta, paella* have been borrowed from the Spanish and many more English and American words have been borrowed by the Spanish-speaking countries sometimes with slight changes: *jogging, hockey, jersey, estéreo* and even *esnob* are in common usage. Other words in Spanish are similar to ours because both languages have common roots, for example:

    isla   isle
    museo museum
Both these words come from the Latin.

Which words in the first three *unidades* and the *introducción* did you recognise without any need for explanation? Look back through the *unidades* to remind yourself.

Can you work out what these words mean?

    guitarra concierto caramelos fruta coliflor aspirinas teléfono foto jardín

In *¡Vaya! nuevo* you will learn to pick out words which are linked to English words and you will be helped to recognise patterns in words which will enable you to understand hundreds of words that you have not met before.

Pronunciación

In *Unidad 4* you are going to learn the alphabet. In this *unidad* we'll keep to one vowel (**a**) to show you that all the vowels have only one sound. In English they have several (for example **April**, **antelope**, **art**).

Here is a tongue twister – *un trabalenguas* (literally a tongue-tripper-upper!) – for you to practise:

    Toma la avenida de Alcalá, o la de Asturias hasta la plaza y allí está.

Ahora sé ...

how to ask for directions ●●●●●●●●●●●●●●●●●●●●●●●●●●●●●●●●●●●●

¿Hay un banco por aquí?	Is there a bank near here?
¿Dónde está la estación, por favor?	Where is the station, please?
¿Por dónde se va a Correos?	Can you tell me the way to the Post Office?

how to ask if something is near or far ●●●●●●●●●●●●●●●●●●●●●●●●●●●●

¿Está cerca?	Is it near?
¿Está lejos el hotel?	Is the hotel far?

how to give and understand directions ●●●●●●●●●●●●●●●●●●●●●●●●●●

El café está bastante cerca en la calle Espronceda.	The café is quite near in Espronceda street.
¿El restaurante? Siga todo recto, está en la plaza.	The restaurant? Go straight on, it's in the square.
El parque está en el paseo de Pereda.	The park is in the paseo de Pereda.
La playa está muy lejos, al final de la avenida.	The beach is very far way, at the end of the avenue.
Suba la calle y tome la segunda a la derecha.	Go up the street and take the second on the right.
Baje la avenida y la discoteca está enfrente.	Go down the avenue and the discotheque is facing you.
Cruce la calle y la oficina de turismo está al lado de la cafetería Oasis.	Cross the street and the tourist office is beside the Oasis cafeteria.
Tome la primera a la izquierda y el bar está enfrente.	Take the first on the left and the bar is facing you.
La farmacia está allí.	The chemist's is (over) there.

35

En esta unidad, aprenderás a pedir información en la oficina de turismo

Buenos días, dígame.

¿Tiene un mapa de Málaga, por favor?

¿Qué hay de interés en Málaga?

¿La catedral se abre los lunes? ¿A qué hora?

Aquí está la oficina de turismo de Málaga

Está situada aquí, cerca de la calle Larios.

Aquí la información que se puede obtener:

horarios de trenes y de autobuses

folletos

planos y mapas

información sobre campings y apartamentos

listas de hoteles y restaurantes

En la oficina de turismo de Málaga

En la oficina de turismo de Málaga, las personas piden información.
Escucha bien la cinta y mira estas frases:

Dígame.	Can I help you?
¿Tiene una lista de campings?	Do you have a list of campsites?
¿Tiene un folleto sobre Málaga?	Do you have a brochure on Malaga?
Aquí tiene usted.	Here you are.

Túrnate con tu pareja para pedir:

a list of hotels
a map of Spain
a plan of Malaga
a brochure on Marbella

Ejemplo:

Buenos días, señor.

Buenos días, dígame.

¿Tiene una lista de restaurantes, por favor?

Sí, aquí tiene usted.

Gracias, adiós.

Un proyecto sobre la Costa del Sol

Para preparar este proyecto, haz una lista de cosas que tienes que pedir en la oficina de turismo. Usa esta tabla para ayudarte.

Túrnate con tu pareja para pedir las cosas de tu lista, y para contestar a las preguntas.

un plano		Málaga
		la Costa del Sol
un mapa		campings
		trenes
una lista	de	restaurantes
		Marbella
un horario		hoteles
		autobuses
un folleto	sobre	Torremolinos

....

Buenos días, dígame.

....

Sí, aquí tiene usted.

....

De nada, adiós.

¿Algo más?

 Escucha la cinta. Tus amigos piden algunos de los folletos y mapas en la página 36 ...

... Tú pides los otros. Túrnate con tu pareja.

¿Qué hay de interés?

Malaga, like most Spanish towns, is full of interesting places to visit and exciting things to do. Today, Malaga and other towns on the Costa del Sol are best known as holiday resorts with beautiful beaches and lots of entertainment for the tourists. But Malaga was an important port even in Roman times, and the Arabs who ruled Andalusia (the south of Spain) in the Middle Ages made it one of their greatest cities. Carnival time is in March and there are processions at Easter, and fiestas, concerts and sporting events throughout the year.

Here are just some of the places you'll find out about when you ask:

¿Qué hay de interés en Málaga?

1 Castillo de Gibralfaro
Construido de 1300 a 1350
Horas de visita: todo el día

3 Teatro romano
Cerca de la Alcazaba
Hay excavada sólo una parte

2 Alcazaba
Construida de 1057 a 1063
Precio de entrada: 250 pesetas
Horas de visita: 11 a 14 y 17 a 20 horas

4 Iglesia de Santiago
Torre medieval

5 Museo de Artes Populares
Pasillo de Santa Isabel
Precio de entrada: 100 pesetas

6 La catedral
Declarada monumento nacional
Horas de visita: de 10 a 13
y de 16 a 17.30 horas

7 Ayuntamiento
Situado en el Paseo del Parque

Lee la información y contesta a
las preguntas de los turistas.

1 Does the castle close for lunch?

2 Where is the Roman theatre?

3 When was the castle built?

4 Where is the town hall?

5 How many people does the bullring hold?

6 When can you visit the cathedral in the afternoon?

7 What is special about the church of Santiago?

8 How much is it to get into the *Museo de Artes Populares*?

9 Which is older, the *Gibralfaro* or the *Alcazaba*?

8 Plaza de Toros
Construida en el año 1874
Capacidad para 14.000 personas

39

¿Qué hay de interés en Málaga?

Mira las fotos en las páginas 38 y 39.
Escucha la cinta y escribe en orden el número
de cada lugar.

¡Atención!

¿Por qué preguntan las dos personas?
Mira los dibujos para ayudarte.
¿Por qué lugar no preguntan?

¿Qué hay en Málaga?

Túrnate con tu pareja para preguntar y
explicar qué hay en Málaga.

1. el puerto
   el ayuntamiento
   la catedral

2. la iglesia
   la Alcazaba
   el castillo

3. el parque
   museos
   piscinas

4. discotecas
   el teatro romano
   hoteles

Ejemplo:

1 Buenos días.

Buenos días.

¿Qué hay de interés
en Málaga?

Pues, hay el puerto, el
ayuntamiento y la catedral.

Muchas gracias.

De nada, adiós.

¿Abierto? ¿Cerrado?

En los folletos de la oficina de turismo aparecen
normalmente las horas de visita.

¡Lee la información detenidamente!

Cerrado los sábados por la tarde	Closed on Saturday afternoons
Abierto los domingos por la mañana	Open on Sunday mornings

Lee los letreros y contesta a las preguntas
de los turistas:

MUSEO DE ARTES POPULARES
ABIERTO **10 A 13.30** - **16 A 19**
CERRADO DOMINGO TARDE

ALCAZABA
abierto
11 a 14
y
17 a 20

Ayuntamiento
ABIERTO de 9 a 14
Tarde: CERRADO

AQUAPARK
ABIERTO
desde las 10
de la mañana

PANADERIA
cerrado por la tarde

CUEVAS DE NERJA
abierto 9 a 21
sin interrupción

Jardines
abierto 9 a 17
cerrado domingo

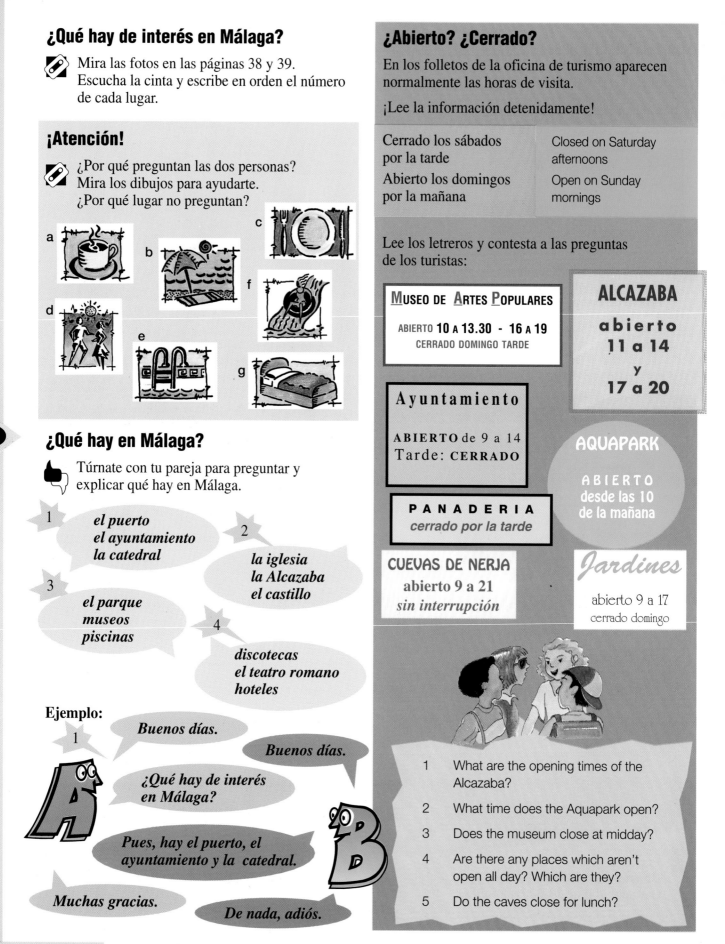

1. What are the opening times of the Alcazaba?

2. What time does the Aquapark open?

3. Does the museum close at midday?

4. Are there any places which aren't open all day? Which are they?

5. Do the caves close for lunch?

¿A qué hora?

1	2	3	4	5	6	7	8	9	10	11	12
uno *or* una	dos	tres	cuatro	cinco	seis	siete	ocho	nueve	diez	once	doce

a la una   a las dos   a las tres   a las cuatro   a las cinco   a las seis

a las siete   a las ocho   a las nueve   a las diez   a las once   a las doce   a las doce y media

¿A qué hora se abre?

Selecciona 3 horas
de esta tabla:

1	5	6.30
4.30	10	9
8	1.30	2

Escucha la cinta. Si oyes una hora seleccionada,
pon ✓ . Si pones 3 ✓ , di **¡Ya!**

Ahora practica este diálogo con tu pareja.

Buenos días.

Buenos días.

¿A qué hora se abre el museo, por favor?

A las diez.

Gracias.

De nada. Adiós.

Para hacer otros diálogos, cambia el lugar y la hora.

¿Qué día?

El domingo hay una corrida de toros.
¿Qué posibilidades hay los otros días?
Escribe las posibilidades en tu agenda.

VIAJES ECUADOR EXCURSIONES

lunes Excursión a Sevilla - salida a las 9 (vuelta 10.30) 4.500 ptas.

martes Visita a Gibraltar - salida a las 10 (vuelta 6.00) 3.500 ptas.

miércoles Visita con guía de la catedral 10 y 11 (visita dura una hora) 250 ptas.

jueves Málaga de noche - salida a las 10 (dura dos horas) 2.500 ptas. vino y tapas incluidos

viernes Una noche de flamenco - 23.00 4.000 ptas.

sábado Excursión a Córdoba - salida a las 8.30 (vuelta a las 7) 6.000 comida en restaurante típica incluida

domingo Corrida de toros a las 5 entradas de 2.000 (sol) a 4.000 (sombra)

Monday

Tuesday

Wednesday

¿Se cierra los lunes?

¿El guía comprende bien el español?
¿Verdad o mentira?

1   The safari park is closed on Mondays.

2   The cafeteria is open on Sundays.

3   The Windsor dance hall is open on Mondays.

4   The restaurant is closed at weekends.

5   The gardens are closed on Saturdays.

6   The museum is open on Sunday morning.

7   The Aquapark is closed one day a week.

MUSEO

Cerrado domingo tarde
y lunes

jardines
Finca
cerrado
domingos

SAFARI

LUNES CERRADO

restaurante
Barbalos

cerrado sábado y domingo

AQUAPARK
Abrimos domingos y festivos

SALA DE FIESTAS

Windsor

LUNES CERRADO

Cafetería Oasis
Cerramos los sábados por la tarde

El guía loco

Lee y escucha la canción.

El guía está loco, está loco digo yo.

1   A las nueve el teatro romano, y a las diez el museo.
    A las once la Alcazaba, a las doce la catedral.
    A la una vamos al puerto, y al restaurante menos mal.

El guía está loco, está loco digo yo.
El guía está loco, está loco digo yo.

2   A las tres la plaza de toros y a las cuatro el zoo,
    A las cinco el castillo, a las seis otro museo.
    A las siete vamos a la torre y por favor, señor, ¡oye!

El guía está loco, está loco digo yo.
El guía está loco, está loco digo yo.

3   Mañana Córdoba, Granada, Sevilla,
    Torremolinos, Alicante y Marbella,
    ¡Y yo digo que no!

MUSEO

EL ZOO

Para variar

Aquí hay un póster para la *Discoteca Planeta*.

Haz otro póster para el *Aquapark*.

El guía te da estos detalles más:

DISCOTECA PLANETA
Entrada 1000 pesetas
Abierto 19.00 - 22.00
y 23.00 - 03.00
Cerrado lunes

Aquapark: Open from 9:00 to 19:00; closed on Tuesdays; admission 600 pesetas

Aprender a aprender

Knowing the alphabet is a useful help when learning a language. Here is the Spanish alphabet. What differences do you notice about the letters of the alphabet themselves? If you have a dictionary handy what do you notice about the *c* and *ch* or *l* and *ll*?

In class you can always ask your partner how to spell a word:

Túrnate con tu pareja para practicar. Practica con las palabras en el mapa en las páginas 22 y 23.

abecedario

a	(a)	h	(hache)	ñ	(eñe)	u	(u)
b	(be)	i	(i)	o	(o)	v	(uve)
c	(ce)	j	(jota)	p	(pe)	w	(uve doble)
ch	(che)	k	(ka)	q	(cu)		
d	(de)	l	(ele)	r	(ere, erre)	x	(equis)
e	(e	ll	(elle)			y	(i griega)
f	(efe)	m	(eme)	s	(ese)		
g	(ge)	n	(ene)	t	(te)	z	(zeta)

You already know

¿Cómo se dice ...?   How do you say ...?

And now

¿Cómo se escribe?   How is it written/spelt?

Ejemplo:

¿Cómo se escribe?

A-R-G-E-N-T-I-N-A.

Gracias.

Extra

Usa estas fotos y dibujos para hacer un diálogo. Túrnate con tu pareja para ser el turista.

how to ask for tourist information ●●●

¿Tiene un mapa de la Costa del Sol?	Have you got a map of the Costa del Sol?
¿Tiene un plano de Málaga?	Have you got a town plan of Malaga?
¿Tiene una lista de hoteles, por favor?	Have you got a list of hotels, please?
¿Tiene un horario de trenes, por favor?	Have you got a train timetable, please?
¿Tiene un folleto sobre el puerto?	Have you got a leaflet about the port?
¿Qué hay de interés en Málaga?	What is there of interest in Malaga?
¿A qué hora se abre el castillo?	What time does the castle open?
¿A qué hora se cierra la catedral?	What time does the cathedral close?

how to understand tourist information given ●●●●●●●●●●●●●●●●●●●●●●●●●●●●●●●●●●

Dígame.	Can I help you?
Aquí tiene usted.	Here you are.
La iglesia se cierra a las seis.	The church closes at six.
Las horas de visita son de nueve a una.	The opening times are from 9 to 1.
El museo está cerrado los lunes.	The museum is closed on Mondays.
El teatro romano está situado cerca de la Alcazaba.	The Roman theatre is situated near the *Alcazaba*.
El ayuntamiento está abierto.	The town hall is open.
De nada. Adiós.	Don't mention it. Goodbye.

the days of the week ●●

lunes	Monday
martes	Tuesday
miércoles	Wednesday
jueves	Thursday
viernes	Friday
sábado	Saturday
domingo	Sunday

En esta unidad, aprenderás a pedir postales y sellos ....

... y entender los números para utilizar el dinero en España y en América

En el estanco

En un estanco se venden postales y sellos, y también cigarrillos.

un estanco

una tarjeta postal

Malaga

postales de Málaga

sellos de España

Escucha al cliente en el estanco y repite.

Túrnate con tu pareja para practicar los diálogos.

Ejemplo:

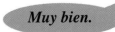

Buenos días.

Buenos días.

¿Qué desea?

¿Tiene una postal de la catedral?

Sí, aquí hay una.

Muy bien.

¿Para dónde?

Para comprar los sellos correctos, di adónde envías las postales.

Ejemplo:

Buenos días, señorita.

Buenos días, ¿qué desea?

¿Tiene una postal de la playa?

Sí aquí hay una. ¿Algo más?

Sí, un sello para Escocia, por favor.

Tenga.

Gracias.

Usa esta tabla para hacer diálogos con tu pareja:

la playa	Escocia
la catedral	Irlanda
el puerto	Francia
el castillo	Méjico
el teatro romano	Venezuela
el paseo del Parque	Gales
	Argentina
	El Canadá
	Los Estados Unidos
	Inglaterra

Postales para todos

Buenos días, ¿qué desea?

¿ .... ?

Sí, aquí tiene una. ¿Algo más?

¿ .... ?

Tenga.

....

De nada.

Haz una lista de personas a quienes vas a enviar postales. Pide una postal y un sello para cada uno. Túrnate con tu pareja para ser el empleado y el turista en el estanco.

El dinero español y latinoamericano

La unidad de moneda en España se llama la peseta.
Hay billetes de 500, 1.000, 2.000, 5.000 y 10.000 mil pesetas.

ejemplos de billetes de 2.000 pesetas

ejemplos de billetes de 1.000 pesetas

Hay monedas de 1, 5, 10, 25, 50, 100 y 200 pesetas.
¿Cuáles monedas ves en las fotos?

La imagen del rey Juan Carlos está en las monedas.

La moneda de América Latina es diferente. En Méjico, Argentina y Cuba, por ejemplo la moneda es el peso.

Tapa con la mano las fotos del dinero. Lee la información, y contesta a las preguntas de los turistas.

1 What is the Spanish unit of money called?
2 What value of coins are there in Spain?
3 What value of bank notes are there?
4 Whose picture is on all the coins?
5 What is the unit of money called in Mexico?
6 What other countries have the same currency?

Los números

11	once
12	doce
13	trece
14	catorce
15	quince
16	dieciséis
17	diecisiete
18	dieciocho
19	diecinueve
20	veinte
25	veinticinco
30	treinta
35	treinta y cinco
40	cuarenta
50	cincuenta
60	sesenta
70	setenta
80	ochenta
90	noventa
100	cien *or* ciento
200	doscientos *or* doscientas
500	quinientos *or* quinientas
1.000	mil
2.000	dos mil
10.000	diez mil

Para variar

Encuentra estos números en el crucigrama:
50, 90, 8, 4, 100, 80, 1000, 40, 30, 20

Ejemplo: *50 cincuenta*

```
C I N C U E N T A Z
U R O C H O G R Q A
A B V E I N T E M O
R P E M L J C I L H
E V N S W X L N W C
N C T X C U A T R O
T E A Q A Z W A Q P
A J I Y T U R E Q W
M N O C H E N T A L
```

49

¿Cuánto es?

 Escucha la cinta y mira el dinero. ¿Hay cambio?

Ejemplo:

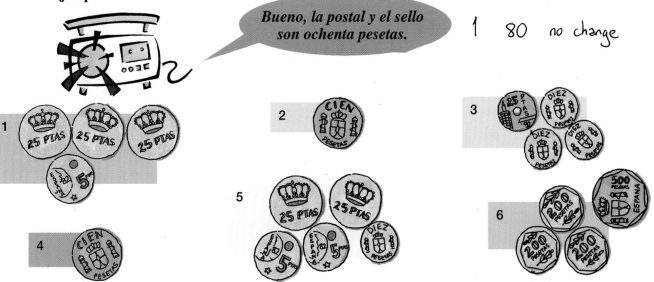

Bueno, la postal y el sello son ochenta pesetas.

1   80   no change

¿Cuánto y adónde?

¿Adónde va cada postal y cuánto cuestan los sellos?

En total

Tarifas postales	
España	40
Europa América	45
Estados Unidos	80
Asia y Australia	90

Postales 50 ptas.

Túrnate con tu pareja.

A pide las postales y los sellos.

B calcula los precios.

Ejemplo:

Buenos días.

Buenos días. ¿qué quiere?

Dos postales y dos sellos de ochenta pesetas, por favor. ¿Cuánto es?

En total son doscientas sesenta pesetas. Aquí tiene.

Gracias. Adiós.

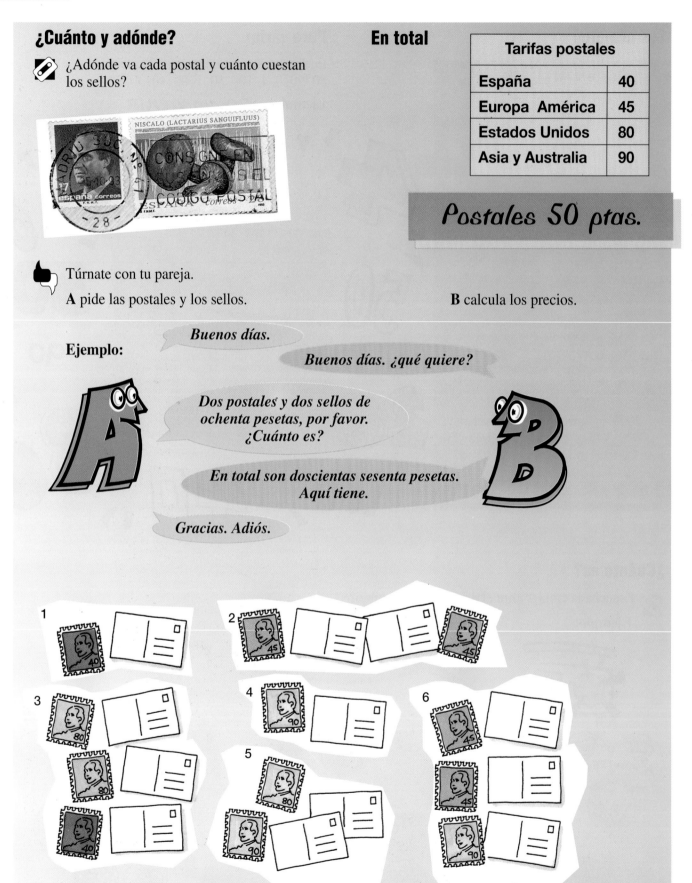

¿Hay un buzón por aquí?

Túrnate con tu pareja para preguntar por un buzón, y explicar dónde está.

Ejemplo: (1)

¿Hay un buzón por aquí?

Sí, hay uno enfrente del museo, en la calle de Madrid.

Map labels:
- calle Isabel II
- 4
- 3
- Plaza Mayor
- 2
- 5
- calle Fernando el Católico
- 1
- calle de Cervantes
- calle Córdoba
- calle de Madrid
- museo
- 6

¿A qué hora?

HORAS DE RECOGIDA

MAÑANA

A las ......9.30......

A las ......11.45......

TARDE

A las ......13.15......

A las ......18.45......

DOMINGOS

A las ......14.00......

Un buzón

Contesta a las preguntas de los turistas.

1 When is the first collection?

2 You arrive at midday. When is the next collection?

3 It is 7 p.m. Are you too late for the last collection?

4 Today is Sunday. Is there a collection?

La llave

There are patterns in words which will often help us to understand their meaning. In English **-ty** is the ending that goes with tens, for example nine**ty**. In Spanish the ending that means the same as **-ty** is **-enta**, for example nov**enta**, ses**enta**. Listening out for the ending will help you to understand the numbers and not mistake *siete* for *setenta*, for example. There are many more patterns that you are going to learn in *¡Vaya! nuevo*. They will all help you to look closely at the language and learn quickly and efficiently.

Try to catch your partner out.
Write ten numbers down, including some ending in **-enta**.
Read them out quite quickly and see how many she or he can write down correctly.
Which numbers do you and your partner get wrong?
Concentrate on these numbers until you both know them perfectly.

Pronunciación

You may have noticed that there is no difference in Spanish between the letters **b** and **v**. Listen to the words listed below:

¡Vaya! veinte banco suba va autobuses baje escribe vale

Listen to the following words and try to complete with either a **b** or a **v**:

-isita	cue-as
Isa-el	sá-ado
Alcaza-a	a-re
no-enta	-illete
a-ierto	

It's difficult if you don't know the word, so if you hear a **b** or **v** sound in a word think of both possibilities.
Do you think these words are harder to understand when heard or read?

vaso   base

The second one particularly is more difficult when heard.

Aprender a aprender

Learning numbers is an example of something that just has to be learnt thoroughly. There are ways in which it can be fun. Here are some ideas. Your teacher will be able to suggest more.

 • Try counting with your partner and timing your efforts. Try to beat your record.

• Make up sequences of numbers and your partner has to guess the next in the sequence, for example *dos, cuatro, seis, ????* *(ocho)*.

• Say a number and your partner has to make the last number of the word before the first number of the new word, for example 43, 39, 92. Any incorrect answer or hesitation loses a point.

Extra

Selecciona 2 palabras.
Usa estas 2 palabras para hacer una frase.

Ejemplo: Quiero un sello para Inglaterra.

 Túrnate con tu pareja para hacer más frases.
(No se puede usar una palabra 2 veces.)

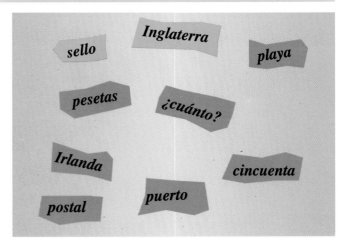

sello   Inglaterra   playa   pesetas   ¿cuánto?   Irlanda   cincuenta   puerto   postal

Ahora sé ...

how to buy postcards and stamps and where to post them ●●●●●●●●●●●●●●●●●●●●●●●

¿Tiene una postal de la catedral por favor?	Have you got a postcard of the cathedral, please?
Un sello de cuarenta y cinco pesetas, por favor.	A forty-five peseta stamp, please.
Un sello para Inglaterra, Escocia, Irlanda, Gales, los Estados Unidos, el Canadá, Australia.	A stamp for England, Scotland, Ireland, Wales, the United States, Canada, Australia.
¿Cuánto es?	How much is it?
En total son ciento cincuenta pesetas.	In total it is one hundred and fifty pesetas.
¿Hay un buzón por aquí?	Is there a post box near here?

the numbers from 20 to 100 and some higher numbers ●●●●●●●●●●●●●●●●●●●●●●●

veinte	20
treinta	30
cuarenta	40
cincuenta	50
sesenta	60
setenta	70
ochenta	80
noventa	90
cien or ciento	100
quinientos	500
mil	1,000
diez mil	10,000

En esta unidad, aprenderás a pedir bebidas y tapas, entender el menú ...

... y pedir la cuenta

La cuenta, por favor.

Bares, cafés y cafeterías

Hay bares (o cafés) baratos y hay cafeterías más elegantes. En los bares se venden hamburguesas y bocadillos pero en las cafeterías se venden muchas cosas más. La cafetería sirve comidas como un restaurante pero también sirven café, té y otras bebidas a los clientes.

un bar (o un café)

una cafetería

una camarera

un bocadillo

un camarero

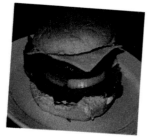

una hamburguesa

Contesta a estas preguntas de los turistas:

1 Would you choose a bar or a cafetería if you wanted to sit comfortably?

2 Which would have a better selection of snacks?

54

Para beber

Estás en una cafetería con tu familia.
¿Qué quieres para cada persona?

tu hermana

tu madre

tus abuelos

¿Qué quieres tú?

café solo	80
café con leche	100
té con leche	110
té con limón	110
Fanta limón	150
Fanta naranja	150
Coca-Cola	150
limonada	130
chocolate	200
agua mineral	100
cerveza	125
vino tinto	100
vino blanco	100
zumo de naranja	150

¡Oiga!

Escucha a los clientes en el bar.
Mira la lista de las bebidas en *Para beber* y
decide qué bebidas van con cada cliente.

Ejemplo: 1 — 2 cafés con leche, 1 Coca-cola

En el bar

¿Qué puedes beber en el bar? Aquí tienes unas bebidas.
Escribe el nombre de cada bebida.

Ejemplo: 1 — una agua mineral

Ahora puedes completar 6
diálogos en un bar con tu pareja.

Sí, señora. ¿Qué quiere?

Quiero ...... , por favor.

Pues .... ¿Algo más?

No, ... , gracias.

En seguida, señora.

La bebida más popular

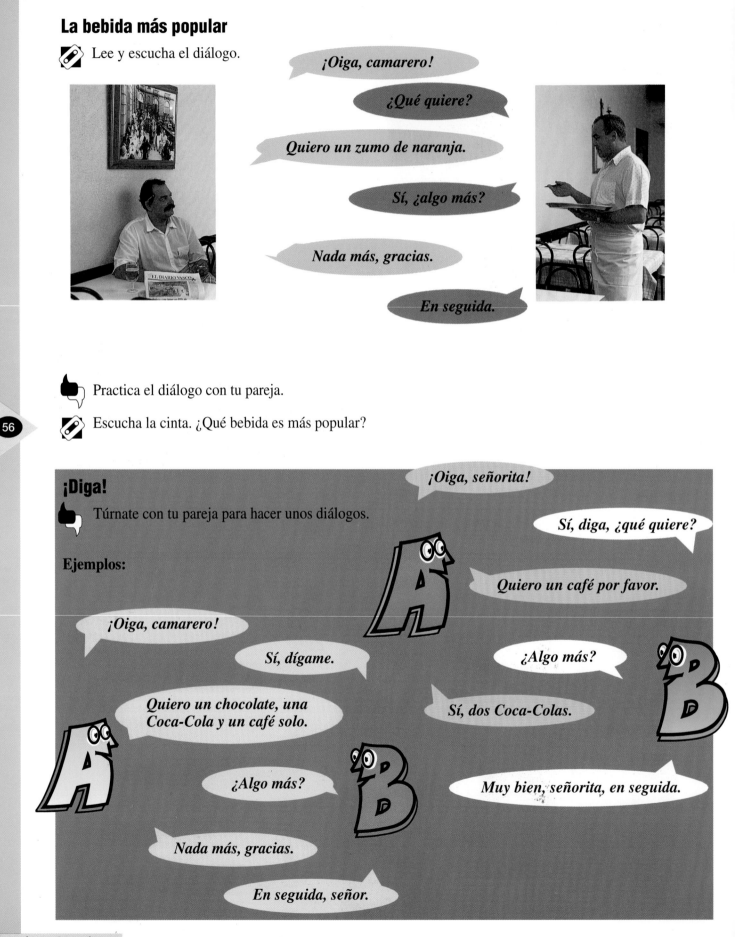

Lee y escucha el diálogo.

¡Oiga, camarero!

¿Qué quiere?

Quiero un zumo de naranja.

Sí, ¿algo más?

Nada más, gracias.

En seguida.

Practica el diálogo con tu pareja.

Escucha la cinta. ¿Qué bebida es más popular?

¡Diga!

¡Oiga, señorita!

Túrnate con tu pareja para hacer unos diálogos.

Sí, diga, ¿qué quiere?

Quiero un café por favor.

Ejemplos:

¡Oiga, camarero!

Sí, dígame.

¿Algo más?

Quiero un chocolate, una Coca-Cola y un café solo.

Sí, dos Coca-Colas.

¿Algo más?

Muy bien, señorita, en seguida.

Nada más, gracias.

En seguida, señor.

¿Una botella o un vaso?

¿Quieres una botella de agua mineral o un vaso?
Depende, ¿no?

una taza de té

un vaso de zumo de naranja

una botella de Fanta limón

Quiero ...

Túrnate con tu pareja para
pedir estas bebidas. No olvides
por favor y gracias.

Ejemplo: 1

¡Oiga, camarero!

Dígame, ¿qué quiere?

Quiero dos vasos de vino
tinto, por favor.

Muy bien, señorita.
¿Algo más?

No, nada más, gracias.

1   2   3   4   5

Haz una lista de combinaciones posibles.
Tienes 5 minutos.

Ejemplo: una botella de agua mineral

Lee tu lista a tu pareja.
¿Quién tiene más combinaciones?

		agua mineral
		café solo
un vaso		con leche
		té
		vino tinto
una botella	de	vino blanco
		zumo de naranja
		limonada
una taza		Coca-Cola
		leche
		chocolate

Una ración de algo

En los bares se sirven tapas, bocadillos y sandwiches.

También hay churros que se sirven con chocolate y café.

tortilla española	*Spanish omelette*	300
queso	*cheese*	250
calamares	*squid*	400
jamón serrano	*cured ham*	500
bocadillos variados	*selection of sandwiches*	350
sandwiches	*toasted sandwiches*	300
perritos calientes	*hot dogs*	250

queso

sandwiches

bocadillos

calamares

perrito caliente

 Estás en un bar con un amigo. ¿Qué vas a comer? Haz diálogos con tu pareja.

Ejemplo:

¿Qué quieres?

¿Quiero una ración de calamares. Y tú, ¿qué quieres?

Quiero una ración de queso.

¡Camarero! una ración de calamares y una ración de queso por favor.

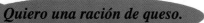

¿Quieres unas tapas?

Escucha la cinta.
Escribe qué quiere cada
uno de tus amigos.

Ejemplo:

¿Qué quieres?

Quiero un sandwich, por favor.

Y tú, Antonio, ¿qué quieres?

Quiero una ración de tortilla española.

Y yo, jamón serrano, una ración de jamón serrano.

Vale un sandwich, una ración de tortilla y una ración de jamón serrano.

Luego túrnate con tu pareja (el camarero o la camarera) para pedir lo que quieren.

Ejemplo:

¡Camarero!

Sí señor.

Quiero un sandwich, una ración de tortilla y una ración de jamón serrano.

¿Algo más?

Sí, quiero un bocadillo de queso.

¿Quieres o quiere?

¿Qué dices a cada persona? Túrnate con tu pareja para preguntar y contestar.

Ejemplos:

1 *¿Qué quieres?*

Un perrito caliente, por favor.

2 *¿Qué quiere?*

Una cerveza, por favor.

1
2
3
4
5

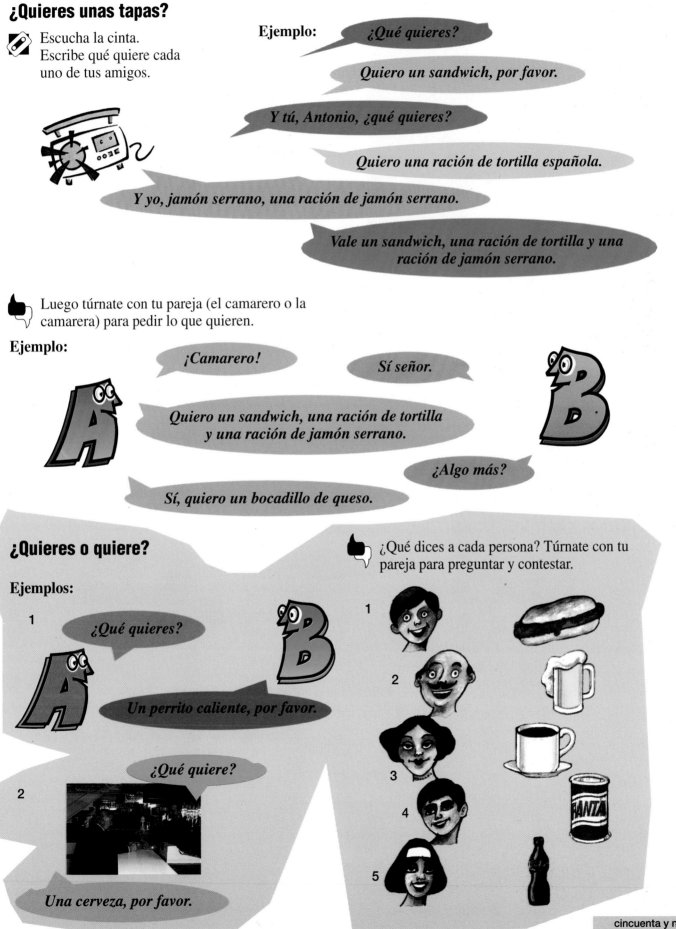

¿Cuánto es?

100	cien pesetas
110	ciento diez pesetas
220	doscientas veinte pesetas
330	trescientas treinta pesetas
440	cuatrocientas cuarenta pesetas
550	quinientas cincuenta pesetas
660	seiscientas sesenta pesetas
770	setecientas setenta pesetas
880	ochocientas ochenta pesetas
990	novecientas noventa pesetas
1.000	mil pesetas
1.500	mil quinientas pesetas

Practica estos números con tu pareja.

La cuenta, por favor

¡Oiga, camarera!

Sí, diga, señora.

La cuenta, por favor.

Sí, en seguida, señora.

Escucha a los clientes.
¿Qué dicen para pedir la cuenta?
¿Qué toma cada cliente?

Haz el diálogo con tu pareja:

Ejemplo:

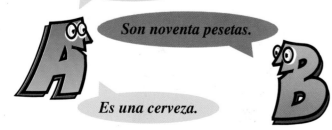

¿Cuánto es?

Son noventa pesetas.

Es una cerveza.

CAFÉ SOLO	120
CAFÉ CON LECHE	150
COCA-COLA	180
CERVEZA	90
VINO TINTO	80
AGUA MINERAL	120
CHURROS	250
BOCADILLOS	300

¿Está bien la cuenta?

Escucha la cinta y mira las cuentas.
¿Están bien las cuentas?

Ejemplos:

2 Coca-Colas	420
2 cafés con leche	260
	680

Está bien.

Está bien.	
3 cervezas	280
1 churros	280
	630

No está bien. Son 560 pesetas.

1

1 perrito	280
2 bocadillos	600
1 botella de vino	420
	1300

2

sandwich queso	320
hamburguesa	280
2 zumos de naranja	300
1 botella tinto	440
	1420

3

ración de jamón serrano	430
chocolate	110
	640

¿No hay un error?

Si hay un error habla con el
camarero o la camarera.

Ejemplos:

2 cafés	240
1 Coca-Cola	210
	550

*Dos cafés son doscientas cuarenta y una
Coca-Cola doscientas diez. Son
quinientas cincuenta en total, ¿verdad?*

*¿No hay un error? ¿No son
cuatrocientas cincuenta?*

Ah sí, de acuerdo. Perdone.

*Un café ciento veinte, y dos Fanta
limón trescientas ochenta. Son
quinientas pesetas, ¿verdad?*

café	120
2 raciones de tortilla española	380
	500

*De acuerdo.
Aquí tiene.*

Gracias.

Practica con tu pareja con
las cuentas en esta página.

Túrnate con tu pareja para
ser el camarero o la
camarera y el cliente.

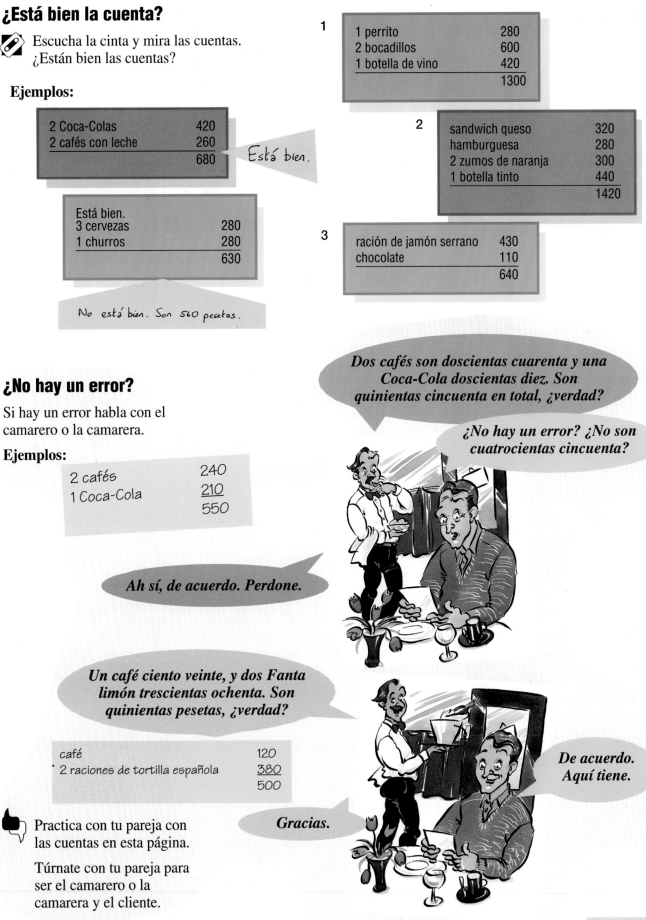

Sancho y Panza

 Lee y escucha.

Pronunciación

You will have noticed already that the letter **c** in Spanish is pronounced in two different ways when it is followed by vowels (a, e, i, o, u). Look at the places on the map:

 1 Escucha la cinta.
2 Escucha y repite.
3 Lee con la cinta.

Which combinations produce a **c** sound (as in *cat*) and which a **th** sound?

Look at the words below and put them into two columns depending on how the **c** is pronounced.

Ejemplo:

c as in *cat*	**th**
café	cerveza

Coca-Cola cuenta cinco cuarenta cien gracias quince bocadillo calamares ración camarero

 Listen to the words being pronounced by a Spanish person.

Now listen to a Mexican pronouncing the same words. What difference is there in the sound?

Finally listen to a mixture of Spanish and Latin-American voices. Can you work out who comes from Spain and who doesn't?

La llave

In this *unidad* you have come across some high numbers. Sometimes the number will be said quite quickly or it will take you time to work it out. It is possible to mistake 600 and 6,000, for example. One tip is to check your answer by asking yourself which is more likely, 600 or 6,000? In a *café* or *bar* if you order four coffees it is much more likely to be 600 pesetas than 6,000. This type of reasoning will often avoid you getting a totally wrong answer.

Apply the same rule to these statements:

La cafetería está cerca, a doscientos metros.

Dos cervezas son quinientas pesetas.

Tres raciones de calamares son mil ochocientas pesetas.

Another strategy is to repeat the number you thought you heard.

Túrnate con tu pareja para hacer estos diálogos.

Dos raciones de tortilla española, ochocientas pesetas.

¿Ochocientas?

Sí, ochocientas.

Dos botellas de vino blanco cuatro mil pesetas.

¿Cuatrocientas?

No señor, cuatro mil pesetas.

Para variar

Look at the word puzzle below. Put the numbers in order and write them down. Check your answers with your partner. Now make up a similar number puzzle for your partner.

```
        s
      s e i s c i e n t o s
      t
o c h e n t a
      n       s         n
s e t e c i e n t o s
      a       i         v
              s         e
                        c
                        i
              m i l     e
                        n u e v e
                        t         e
                        o         i
      d i e c i s é i s n
                        t
                        e
```

Aprender a aprender

You have now learnt a few techniques for learning vocabulary. Here is another useful technique. Draw a word tree in which the words are connected, for example:

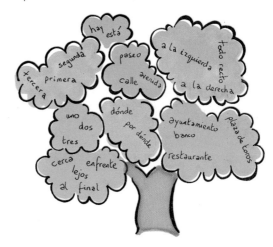

There is no right way to connect them up.

Now do the same with words connected with the *bares* and *cafeterías*.

Ahora sé ...

how to call the waiter or waitress ●●●●●●●●●●●●●●●●●●●●●●●●●●●●●●●●●●●●●

¡Oiga, camarero!	Excuse me, waiter!
Señorita, por favor.	Excuse me, miss!

how to ask for a range of drinks ●●●●●●●●●●●●●●●●●●●●●●●●●●●●●●●●●●●●●

Quiero un vaso de vino tinto.	I would like a glass of red wine please.
Una taza de té, por favor.	A cup of tea, please
Quiero una botella de cerveza, por favor.	I would like a bottle of beer, please.

the names of a number of drinks in Spanish ●●●●●●●●●●●●●●●●●●●●●●●●●●

leche	milk
café solo	black coffee
café con leche	white coffee
agua mineral	mineral water
Coca-Cola	Coca-Cola
Fanta naranja	orange Fanta
Fanta limón	lemon Fanta
zumo de naranja	orange juice
vino blanco	white wine
chocolate	(hot) chocolate

how to say what snacks I want ●●●●●●●●●●●●●●●●●●●●●●●●●●●●●●●●●●●●●

¿Qué quieres?	What do you want?
Quiero una ración de queso.	I would like a portion of cheese.

the names of a range of snacks ●●●●●●●●●●●●●●●●●●●●●●●●●●●●●●●●●●●●

un bocadillo	a sandwich
un sandwich	a toasted sandwich
tortilla española	Spanish omelette
jamón serrano	cured ham
un perrito caliente	a hot dog
una hamburguesa	a hamburger
calamares	squid

to ask for and query the bill ●●●●●●●●●●●●●●●●●●●●●●●●●●●●●●●●●●●●●

La cuenta, por favor.	The bill, please.
¿No hay un error?	Is there not a mistake?

the numbers from 100 to 1,000 ●●●●●●●●●●●●●●●●●●●●●●●●●●●●●●●●●●●●

cien pesetas	100 pesetas
ciento diez pesetas	110 pesetas
doscientas pesetas	200 pesetas
trescientas pesetas	300 pesetas
cuatrocientas pesetas	400 pesetas
quinientas pesetas	500 pesetas
seiscientas pesetas	600 pesetas
setecientas pesetas	700 pesetas
ochocientas pesetas	800 pesetas
novecientas pesetas	900 pesetas
mil pesetas	1,000 pesetas

En esta unidad, aprenderás a:

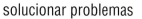

¿Cuánto es?

solucionar problemas

comprar recuerdos y regalos

Es demasiado grande.

Los recuerdos

Los recuerdos se venden en tiendas de recuerdos

... y en los grandes almacenes.

Aquí hay una selección de recuerdos de España y objetos de regalo.

unas castañuelas

turrón

una guitarra

unos cinturones

una muñeca

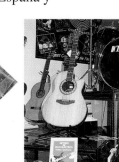

un bolso de piel

unas camisetas

un monedero

una chaqueta

65

¿Dónde se puede comprar recuerdos?

 Escucha la cinta.
¿Qué plano va con cada diálogo?

Ejemplo:

> *Perdone. ¿Dónde se puede comprar recuerdos por aquí?*

> *Pues, hay una tienda de recuerdos al lado del Hotel Cervantes.*

diálogo	plano
1	3

 Túrnate con tu pareja para practicar estos diálogos.

1

3

5

2

4 *Corte Inglés*

En los grandes almacenes

Lee el letrero.

¿Puedes contestar a las preguntas de estos clientes que no entienden el español?

1   Which floor can I get souvenirs on?

2   Where can I buy a leather bag?

3   Which floor do they sell belts on?

4   What is there in the way of souvenirs?

5   Is there anywhere I could get a meal or a snack?

PLANTA 3	DEPORTES zapatería deportiva restaurante AUTOMOVIL
PLANTA 2	TODO PARA EL HOMBRE pantalones cinturones moda masculina
PLANTA 1	ESTA USTED EN PLANTA **1** — TODO PARA LA MUJER boutiques señoras zapaterías maletas piel
PLANTA B	RECUERDOS muñecas abanicos MUSICA discos guitarras
P	APARCAMIENTO

Quisiera ...

¿En qué puedo servirle?

Quisiera comprar unas castañuelas, por favor.

Muy bien, señora.

¿En qué puedo servirle?

Quisiera comprar un abanico.

Lo siento, no tenemos.

Entonces quisiera una muñeca.

Escucha a los clientes en una tienda de recuerdos. ¿Obtienen lo que quieren?

Haz una lista de 5 artículos de la página 65 que quieres comprar para la familia y para amigos.

Túrnate con tu pareja para pedir y vender un artículo.

¿De qué color?

Quiero comprar una camiseta roja, por favor.

Quiero comprar un abanico azul.

Quiero una muñeca roja, por favor.

Quiero un bolso negro, por favor.

blanco
amarillo
naranja
rojo
verde
azul
gris
marrón
negro

Túrnate con tu pareja para hacer diálogos como el ejemplo.

Ejemplo:

Buenos días, señorita. ¿En qué puedo servirle?

Quisiera un bolso por favor.

¿De qué color?

Rojo, por favor.

Muy bien, un bolso rojo, ¿verdad?

Sí.

Otro color

Si quieres otro color es fácil cambiar.

Haz díalogos como el ejemplo con tu pareja.

Ejemplo:

Buenos días, ¿en qué puedo servirle?

Quiero una camiseta.

¿De qué color?

Blanco.

Lo siento, blanco no tenemos.

Entonces, ¿tiene una en negro?

En negro, sí.

Muy bien.

¿Qué precio?

Escucha la cinta.
Aquí hay unas frases importantes que se usan:

¿Cuánto es?	How much is it?
Son quinientas veinte pesetas.	That's 520 pesetas.
Me lo llevo.	I'll take it.
¿Se lo envuelvo?	Shall I wrap it up?
¿Quiere pagar en caja, por favor?	Please pay at the cash desk.

Los números grandes

Los números grandes son más faciles que los
números entre 100 y 1.000.

1.000	mil		8.000	ocho mil
2.000	dos mil		9.000	nueve mil
3.000	tres mil		10.000	diez mil
4.000	cuatro mil		1.500	mil quinientas
5.000	cinco mil		2.250	dos mil doscientas cincuenta
6.000	seis mil		3.725	tres mil setecientas veinticinco
7.000	siete mil			

Contra-reloj

Lee estos números con tu pareja.
¿Quién es más rápido?
¿Quién tiene el récord de la clase?

mil ciento once

1111

3333
4444
5555
6666
7777
8888
9999

dos mil doscientas veintidós

2222

En el Corte Inglés

El Corte Inglés es el nombre de los grandes almacenes más famosos de España.

Normalmente hay una cafetería y un restaurante en la última planta.

Son muy grandes y hay de todo. Los precios no son muy altos y la calidad es buena.

BILBAO
MADRID
PORTUGAL
BARCELONA
ESPAÑA
VALENCIA
MÁLAGA

Hay un *Corte Inglés* en muchas grandes ciudades como Madrid, Barcelona, Valencia, Bilbao y Málaga.

Escucha los anuncios en *El Corte Inglés*.
¿Cuánto entiendes?

69

Muy caro y demasiado grande

¿Qué opinas tú?

3.000 ptas.

La chaqueta es muy barata.

El bolso es muy caro.

El bolso es muy barato.

20.000 ptas.

5.000 ptas.

El zapato es demasiado pequeño.

La chaqueta es muy cara.

25.000 ptas.

El abrigo es demasiado grande.

La chaqueta es demasiado pequeña.

70

En tu opinión

Da tu opinión.

Ejemplo:

1

2

8.000 ptas.

3

25.000 ptas.

£100

4

5

£28

6.000 ptas.

6

250 ptas.

£1

7

25.000 ptas.

5.000 ptas.

£20

8

1 **A**

2 **B**

El monedero es muy caro.

El cinturón es demasiado grande.

¿Tiene otro más barato?

 Escucha a unos clientes.
¿Compran un regalo o no?

¡Te toca a ti!

 Practica este diálogo con tu pareja.

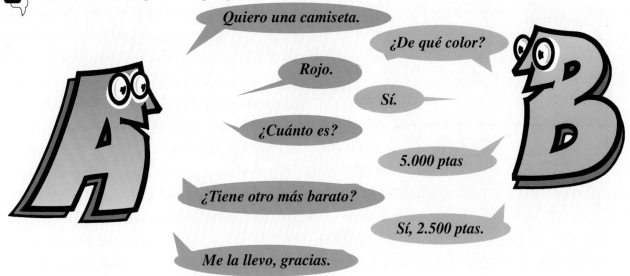

Quiero una camiseta.

¿De qué color?

Rojo.

Sí.

¿Cuánto es?

5.000 ptas

¿Tiene otro más barato?

Sí, 2.500 ptas.

Me la llevo, gracias.

 Haz otros diálogos con estos dibujos.

1

2

3

UNIDAD 7

Sancho y Panza

 Lee y escucha.

Pronunciación

ñ   ñ

 Escucha las palabras siguientes:

castañuelas, señor, España, pequeño, muñeca, mañana.

En español **ñ** es una letra diferente. El sonido es como *oni*on en inglés.

¿Cómo se pronuncian estas palabras?

años, castaño, Begoña, montaña, señora, niño.

 Ahora escucha la cinta. ¿Pronuncias bien?

Aprender a aprender

Learning vocabulary is extremely important when learning a language. Some words you will have practised more than others. To make sure some of the words aren't being forgotten, look back at the seven *unidades* you have studied so far from the **Ahora sé** section, pick out five or ten words you are not sure of or think you have forgotten. Make a list of them and ask your partner to test you, or test yourself by first covering up the English and translating the Spanish and then covering up the Spanish and translating the English. Doing this regularly will help you to improve your vocabulary systematically.

La llave

In English, people are either masculine or feminine (he or she) and objects are neither (it). In Spanish, people and objects are either masculine or feminine. You need to know which objects are which to get the correct form of *el* or *la*, *un* or *una* and the correct form of the adjective. With many Spanish words this is easy. Words that end in **-o** are masculine (*el abanico*) and words that end in **-a** are feminine (*la muñeca*). Watch out for the few exceptions (*el mapa, el día*).

Copy the following grid into your book, and put the words below into the correct column. There are no tricks, they are all regular.

bolso, castañuelas, guitarra, monedero, chaqueta, abanico, camiseta, monedero, recuerdos, muñeca

masculine	feminine

Extra

Hay muchas preguntas en esta unidad.
¿Cuántas preguntas puedes encontrar?

👍 Haz preguntas a tu pareja.

Ejemplo: 1

¿Hay una tienda de recuerdos por aquí?

Sí, hay una cerca del parque.

los guantes   gloves

Ahora sé ...

how to ask where to buy souvenirs and say what you want to buy ••••••••••••••••

¿Hay una tienda de recuerdos por aquí?   Is there a souvenir shop near here?

¿Dónde se puede comprar recuerdos?   Where can you buy souvenirs?

how to ask for souvenirs ••

Quisiera comprar una muñeca roja, un cinturón marrón, I would like to buy a red doll, a brown belt,
un abanico amarillo, verde y azul.   a yellow, green and blue fan.

Quiero una chaqueta blanca y negra, unas castañuelas, I would like a black and white jacket, some
turrón y una guitarra.   castanets, *turrón* (a typical Spanish confectionary
   made with almonds) and a guitar.

how to comment on price and size ••••••••••••••••••••••••••••••••••••••

El bolso de piel es demasiado caro.   The leather bag is too expensive.

El monedero es muy pequeño.   The purse is very small.

how to understand various shopping phrases •••••••••••••••••••••••••••

¿En qué puedo servirle?   How can I help you?

Lo siento, no lo tenemos en blanco.   I'm sorry, we haven't got it in white.

¿Se lo envuelvo?   Shall I wrap it?

¿De qué color?   What colour?

¿Quiere pagar en caja?   Will you pay at the cash desk?

how to ask for an alternative ••

¿No tiene otro más barato?   Have you not got a cheaper one?

74

En esta unidad, aprenderás a:

Caracas
VENEZUELA

Setiembre
8
miércoles

NOMBRE:
APELLIDO:
DIRECCION:
FECHA DE NACIMIENTO:
EDAD:
NACIONALIDAD:

decir de qué país eres
y dónde vives

decir qué edad tienes y
cuándo es tu cumpleaños

rellenar una ficha personal

¿De dónde eres?

En una revista para jóvenes hay fotos y unos
detalles de unos lectores.

Lee.

¿A quién quieres escribir?

2
Me llamo Puri. Soy de Méjico pero vivo en Los Angeles en los
Estados Unidos. Hay muchísimas personas que hablan español en
mi ciudad. Y el nombre de la ciudad Los Angeles es español, claro.

3

1
¡Hola! Soy Angel. Vivo en Caracas, la capital
de Venezuela que está en América del Sur.

Hola, ¿qué tal? Soy Mercedes. Vivo
en Inglaterra. Mis padres son
españoles. Quisiera vivir en España.

6

LOS ESTADOS
UNIDOS

INGLATERRA

ESPAÑA

AMÉRICA DEL SUR

4
¡Hola! Me llamo Fernando. Soy argentino. Vivo
en la costa no muy lejos de Buenos Aires.

5

Hola. Me llamo Yolanda. Soy americana y
como millones de personas de habla española
vivo en Nueva York. En la parte de la ciudad
donde vivo, todos hablan español en la calle.

Soy Paca. Vivo en Lima. Soy peruana, es
decir, vivo en Perú. Perú está situada en
la costa oeste de América del Sur.

En la radio

En un programa de la radio española, hablan con visitantes de muchos países de habla española. Escucha atentamente.
¿De dónde son?
¿Qué más dicen?
¿Cuántos son de América del Sur?

¿Eres inglesa?

Escucha a estas personas en la cinta, mira los ejemplos y túrnate para practicar los diálogos.

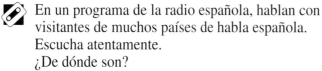

¡Hola! Eres inglesa, ¿verdad?

No, soy escocesa, de Glasgow.

¿Eres inglés o americano?

¿Eres inglesa?

Sí.

¿Y dónde vives?

Soy de Manchester.

Soy irlandés, pero vivo en Inglaterra.

Yo soy de Madrid.

Imagina que vives en estas ciudades.
Túrnate para describirte.

Vivo en Swansea.
Soy de Gales.
Soy galesa.

Vivo en Swansea.
Soy de Gales.
Soy galés.

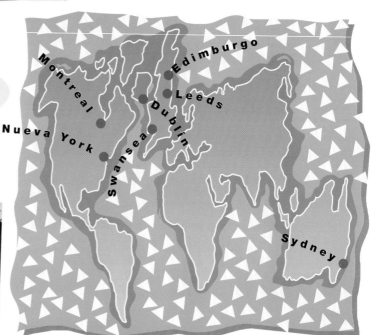

Montreal
Edimburgo
Leeds
Dublín
Nueva York
Swansea
Sydney

76

Mi familia complicada

 Lee y escucha la canción.

1 Yo soy
   Inglesa, española, holandesa y francesa
   Pero imposible dices tú.
   Inglesa, española, holandesa y francesa
   ¡Qué complicado! dices tú.

   Un abuelo es inglés
   Y su mujer española,
   El otro holandés
   Y mi abuela francesa.
   Tengo pasaporte inglés
   Y nacionalidad inglesa
   Pero soy
   Inglesa, española, holandesa y francesa.

2 Yo soy
   Cubano, escocés, americano y galés
   Pero imposible dices tú.
   Cubano, escocés, americano y galés
   ¡Qué complicado! dices tú.

   Un abuelo es cubano
   Y su mujer escocesa,
   El otro americano
   Y mi abuela galesa.
   Tengo pasaporte cubano
   Y nacionalidad cubana
   Pero soy
   Cubano, escocés, americano y galés.

3 Si un día me caso
   Con mi amigo cubano,
   ¡Qué complicado! para los hijos.

   Con bisabuelos
   Ingleses, españoles,
   Holandeses y franceses
   Y cubanos, escoceses,
   Americanos y galeses.

Vocabulario

abuelo	grandfather
mujer	wife
me caso	I marry
hijos	children
bisabuelos	great-grandparents

¿Verdad o mentira?

Escucha el programa en la radio.
Primero, 6 personas dicen qué edad tienen.

Soy Mariluz. Tengo 19 años.

Me llamo Montse.
Tengo 38 años.

Hola, me llamo Ana.
Tengo 6 años.

Me llamo Paco.
Tengo 12 años.

Mi nombre es Jesús.
Tengo 45 años.

Soy Beatriz. Tengo 70 años.

Después, 3 personas dicen la verdad,
y tres no. ¿Cuáles son?

¿Cuántos años tienes?

Lee esta información.
¿Qué número va con cada conversación?

3

Café Real

No se sirve alcohol
a menores
de 16 años

4

Prohibido el uso
del ascensor a
niños de menos
de 12 años sin
ir acompañados
de personas
mayores.

1

Cine Alex

Hoy- Bajo el Volcán

No apto para menores de 13 años

En España, hay cosas
que están prohibidas para
menores de 18 años.

2

Máquinas electrónicas

Prohibida la entrada
a menores de 18 años

5

CINE PELAYO
LA PELICULA DEL AÑO
EL TESORO DE LA DIOSA BLANCA

NO RECOMENDADA PARA MENORES DE 14 AÑOS

Los meses del año

 Lee y escucha la canción.

1

- ¿Es qué mes, el primero?
- ¿No lo sabes? ¡Es enero!
- Bien, mi amigo, ¿después viene marzo?
- ¡No! ¡Escucha bien! Antes es febrero.

Los meses del año, los meses del año,
Saberlos todos, quiero yo.

2

- Abril es mi cumpleaños,
  Mayo el de mis hermanos.
  Pasa junio y llega julio,
  Y tiene mi hermano veinte años.

Los meses del año, los meses del año,
Saberlos todos, quiero yo.

3

Las vacaciones todo agosto,
Setiembre llega demasiado rápido.
Octubre noviembre, el año ya pasado ...
- No, espera mi amigo,
¡Diciembre has olvidado!
- Oh.

Los meses del año, los meses del año,
Saberlos todos, quiero yo.
Los meses del año, los meses del año,
Saberlos todos, quiero yo.

¿Cuándo es tu cumpleaños?

¿Cuándo es el día de cumpleaños de tus amigos?

Ejemplo:

Tengo 12 años, ¿y tú?

Tengo trece años.

¿Cuándo es tu cumpleaños?

Mi cumpleaños es el treinta de abril.

Los meses del año

enero	
febrero	
marzo	
abril	
mayo	
junio	
julio	
agosto	
setiembre	
octubre	
noviembre	
diciembre	

La reina de Inglaterra

El rey de España

Mi cumpleaños es el cinco de enero.

Mi cumpleaños es el veintiuno de abril.

Una ficha personal

Si vas a un hotel o un camping en España tienes que rellenar una ficha. Mira la ficha de María del Carmen. ¿Qué contesta María a estas preguntas:

¿Cómo te llamas?
¿De dónde eres?
¿Dónde vives?
¿Cuándo es tu cumpleaños?
¿Cuántos años tienes?
¿Eres inglesa?

Nombre:	María del Carmen
Apellido:	García
Dirección:	Calle de Felipe II, 32 Valencia España
Fecha de nacimiento:	14 de setiembre de 1978
Edad:	16 años
Nacionalidad:	española

Para hacer amigos españoles

Lee esta carta y luego prepara una descripción parecida.
Si es posible, mándala a un amigo español.

¡Hola!
Me llamo Marisa Fernández. Soy española. Vivo en Granada, en el sur de España. Tengo catorce años y mañana, el 5 de octubre, es mi cumpleaños. ¡Qué bien! Mi hermana también celebra su cumpleaños mañana. Sí, somos gemelas - ¡pero no idénticas!

Marisa

Sancho y Panza

 Lee y escucha.

Pronunciación

Sabes que **ll** es una letra diferente en español.
Escucha estas palabras:

Cállate, me llamo, castillo, calle, folleto, tortilla, bocadillo, botella.

Escucha la cinta e intenta decir el trabalenguas.

La calle se llama la calle del caballo. Pero, ¿cómo se llama el pasillo cerca de la calle del caballo?

Extra

Pon en orden las partes de esta carta.

Córdoba. Soy

María Luisa Alvarez

Me llamo

¡Hola!

Vivo en

Tengo trece

es el 20 de agosto.

años y mi cumpleaños

española.

 *Ahora sé …*

how to ask and answer questions about your nationality

¿Eres inglesa o escocesa?	Are you English or Scottish?
Soy irlandesa.	I am Irish.
¿Eres galés?	Are you Welsh?
No, soy canadiense.	No, I am Canadian.
Soy de los Estados Unidos.	I am from the United States.

how to say where you live

¿Dónde vives?	Where do you live?
Vivo en Birmingham.	I live in Birmingham.

how to say your age and birthday

¿Cuántos años tienes?	How old are you?
Tengo catorce años.	I am fourteen years old.
¿Cuándo es tu cumpleaños?	When is your birthday?
Mi cumpleaños es el diez de enero.	My birthday is the 10th of January.

the names of the months

enero	January
febrero	February
marzo	March
abril	April
mayo	May
junio	June
julio	July
agosto	August
setiembre	September
octubre	October
noviembre	November
diciembre	December

how to read and fill in a form with personal details

el nombre	first name
el apellido	surname
la dirección	address
la fecha de nacimiento	date of birth
la edad	age
la nacionalidad	nationality

UNIDAD 9 Presentando a mi familia

En esta unidad, aprenderás a:

decir quién es de la familia y qué edad tienen

hablar de animales

decir en qué trabajan tus padres

Mi madre es programadora de ordenadores, y mi padre no trabaja. Mi hermano Paco tiene 11 años. En la foto está mi conejo.

Una amiga española se presenta

Mira primero las fotos de su familia.
Escucha la cinta y lee.

Tengo un hermano y dos hermanas. Paco tiene 18 años. Mi hermana mayor se llama Nuria y mi hermana menor se llama Antonia. Tienen 16 y 9 años.

Aquí tengo una foto de mi madre. Se llama María. Mi padre se llama Carlos pero no vive con nosotros. Vive en Madrid.

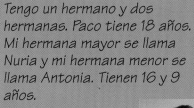

Nuria está casada. Aquí están su marido y su hijo.

En esta foto hay mis abuelos. Mi abuela vive en casa. Mi abuelo murió en enero. Mi madre es hija única.

Unas cartas de chicos españoles

Recibes dos cartas de corresponsales
españoles. Tus padres quieren saber:

¿Cuántos años tienen?
¿Dónde viven?
¿Cuántas personas hay en sus familias?
¿Cómo describen sus familias.

Yo y Mus

Yo, Carlos y Ana María

Fuengirola
el 30 de junio
¡Hola!
Soy tu nueva corresponsal española. Me llamo Conchi
y tengo 15 años. Vivo en Fuengirola cerca de Málaga
en la Costa del Sol, pero mi familia es de Madrid.
Mis abuelos viven todavía en la capital.
Hay seis en mi familia, mi padre, mi madre, mis dos
hermanos, mi hermana y yo.
Mi padre es profesor en un colegio de E.G.B. y mi
madre trabaja como secretaria. Mi hermano mayor se
llama Carlos. Tiene veintidós años y es empleado de
banco. Su mujer Ana María trabaja en un restaurante.
Mi hermana se llama María Elena; tiene veintiún años
y tiene un hijo, Toñito, de dos años; y su marido se
llama Juan. Mi hermano menor tiene once años, se
llama Luis. También tengo un perro que se llama Mus.
Te mando unas fotos de mi familia y mi perro.
¿Tienes fotos de tu familia?

Escribe pronto con tus noticias.

Un beso muy grande,   *Carolina*

83

Sevilla

15 de julio

¡Hola! Me presento. Me llamo Andrés y quiero ser tu nuevo corresponsal. Vivo en Sevilla que
está en el sur de España cerca de Córdoba, Granada y Málaga. Tengo 14 años y soy hijo
único así que somos tres en familia, mi padre, mi madre y yo. Mi padre es ingeniero en una
fábrica y mi madre es programadora de ordenadores. Mi madre va a los Estados Unidos y a
Canadá con su trabajo.
Mis abuelos viven cerca, a cinco minutos. Ves su piso en el plano. Mi abuelo es muy viejo, tiene
ochenta años y mi abuela setenta y cinco.
Me gustan los animales y tengo un ratón que se llama Fritz y un pez que se llama Tiburón
('Jaws' en inglés). Es muy pequeño e inofensivo en realidad.
Dime cuántas personas hay en tu familia y háblame de ellos.
Esperando una carta tuya,
Me despido
Tu nuevo amigo   Andrés

nuestro piso

Calle Pedro Miguel

Calle de la Feria

piso de mis abuelos

¿Qué carta prefieres?

Una ficha personal

Carolina va a un colegio nuevo. El profesor le hace estas preguntas. ¿Qué contesta Carolina?

¿Cómo te llamas?
¿Cuántos años tienes?
¿Dónde vives?
¿Cuántos hermanos tienes?
¿Tienes hermanas?
¿Cómo se llama tu hermano mayor?
¿Cuántos años tiene?
¿Cómo se llama tu hermana menor?
¿Cuántos años tiene?
¿Cómo se llama tu hermana?
¿Cuántos años tiene?

Nombre:	Carolina
Apellidos:	Jiménez García
Edad:	15 años
Dirección:	Calle Fernández Santos, 14
	Fuengirola, Málaga
Hermanos (número)	2
Hermanas (número)	1
(1) Nombre:	Carlos
Edad:	22
(2) Nombre:	Luis
Edad:	11
(3) Nombre:	María Elena
Edad:	21

¿Eres muy inteligente?

Dos padres y dos hijos entran en un bar.
Beben una cerveza cada uno.
La cerveza cuesta 100 pesetas el vaso.
Pagan 300 pesetas.

¿Cómo puede ser?

Pronunciación

La **h** no se pronuncia al principio de la palabra. Hay muchos ejemplos en este libro:

hijo, **h**ermano, **h**ay, **h**ola, **h**ombre

Practica con esta frase:

El hombre es el hijo de mi hermano y se llama Hernández.

 Escucha estas palabras.
Repite sólo las palabras que comienzan con **h**.

¿Tienes animales en casa?

Muchos españoles no tienen un animal en casa. Algunos niños pequeños tienen un grillo en una caja y algunas familias tienen un pájaro en una jaula. La jaula está normalmente en el balcón. Hay muy pocos gatos en las casas españolas y no hay muchos perros.

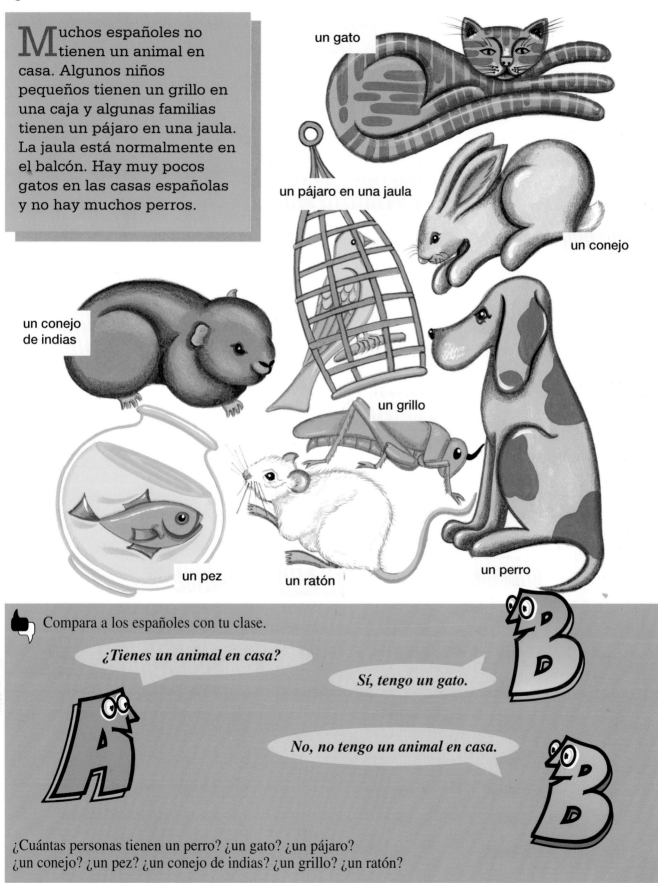

un gato

un pájaro en una jaula

un conejo

un conejo de indias

un grillo

un pez

un ratón

un perro

👎 Compara a los españoles con tu clase.

¿Tienes un animal en casa?

Sí, tengo un gato.

No, no tengo un animal en casa.

¿Cuántas personas tienen un perro? ¿un gato? ¿un pájaro? ¿un conejo? ¿un pez? ¿un conejo de indias? ¿un grillo? ¿un ratón?

¿Quién utiliza esto?

Escucha la cinta.
Los jóvenes hablan de sus familias.

Escribe el nombre con el número de la cosa que necesitan para su trabajo.

Ejemplo:

José Manuel: 3
su hermana: 2

José Manuel

su hermana

su padre

su madre

Begoña

su hermana mayor

su hermano mayor

su madre

su padre

¿En qué quieres trabajar?

Escucha la cinta. Unos jóvenes de América Latina buscan trabajo en España.

¿Hay un trabajo para ellos en estos anuncios?

Ejemplo:

1 Jefe recepción

ELECTRONIC TECHNICIAN

- Technical graduate Engineer or similar.
- Good English knowledge.
- To be based in Madrid and work onshore and offshore Spain.
- Irregular working hours.
- Less than 30 years of age.

Candidates send "curriculum vitae" to:

HALLIBURTON ESPAÑOLA, S.A.

Carretera Madrid-Barcelona. Km. 15,300. MADRID-22

Ref. Electronic Technician

JEFE RECEPCIÓN

Hotel de más de 500 camas en Lanzarote.

- Inglés imprescindible.
- Experiencia.
- Sueldo a convenir.
- Promoción.

GOBERNANTA GENERAL

Hotel más de 500 camas en Lanzarote.

- Inglés hablado se valorará
- Sueldo a convenir.

Escribir a C/ Pinar, 18. Madrid-6. Re: Sta. Gloria

INGENIERO/A

QUEREMOS:
- Un Ingeniero Industrial ICAI o similar, de especialidad Eléctrica, con experiencia en: Mantenimiento Eléctrico de maquinaria de Plantas de Proceso de Minerales o en Proyectos y Montajes Eléctricos.
- Preferible: Conocimiento de Inglés y manejo de ordenadores personales.
- Excepcionalmente se podrán tener en cuenta, candidatos sin experiencia, con gran potencial de formación.

1 CONTROLADOR DE TRÁFICO

Con experiencia en:
- Contratación de transporte marítimo y terrestre.
- Obtención y preparación de presupuestos de transporte.
- Control de movimiento de envíos.
- Exportación, desgravación fiscal, tráfico de perfeccionamiento.
- Inglés, escrito y hablado.

BANCO INTERNACIONAL DE PRIMERA LÍNEA

PRECISA

RECEPCIONISTA
Y
TELEFONISTA

Las candidatas a los puestos deberán reunir las siguientes condiciones:
- Dominio del inglés.
- Experiencia en trabajos que requieren trato con el público.
- Buena presencia física.

MONDIAL ASSISTANCE necesita

JÓVENES

para los meses de verano, junio hasta septiembre

DOMINANDO PERFECTAMENTE FRANCÉS y como mínimo otro de los idiomas siguientes: alemán, inglés.

Solucionarán los problemas de los turistas en dificultad en España o en cualquier parte del mundo (averías de coche, accidentes, enfermedades, etcétera) llamando a los corresponsales y proveedores necesarios.

BILINGUAL
Secretarial Training (English-Spanish). "Gregg" or "Pitman" Shorthand. Typing (manual, electric and electronic typewriters). Word Processing. Preparation London Chamber of Commerce Diploma. Intensive and most practical training (8-9 months), leading to interesting jobs. Student reference list available. Estudio Internacional Sampere Castelló, 50. ☎ 276 82 64.

Eng/Spanish Sec.
Publishers require sec to assist marketing manager. Both langs. essential with s/h in English.

1 PROGRAMADOR/A DE APLICACIONES para ordenador IBM 4331

- PROFUNDOS CONOCIMIENTOS DEL SISTEMA OPERATIVO DOS/VSE.
- DOMINIO DEL COBOL Y CICS.

Se valorará:
- CONOCIMIENTO DEL DL/1.
- CONOCIMIENTOS DEL INGLÉS.
- EL CANDIDATO DEBERÁ POSEER UNA EXPERIENCIA DEMOSTRADA DE TRES AÑOS EN PUESTO SIMILAR.

¿En qué trabajan tus padres?

👍 Túrnate con tu pareja para hacer diálogos.

Ejemplo:

> ¿En qué trabajan tus padres?

> Mi padre es empleado de fábrica y mi madre es conductor de autobuses.

> Bueno, mi padre es taxista y mi madre es ama de casa.

Otros empleos

minero
piloto
empleado de banco
secretaria
funcionario
técnico
mecánico
ingeniero
profesor

Sancho y Panza

Lee y escucha.

Extra

Colecciona fotos o dibujos de tu familia, animales y amigos. Escribe un fichero personal.

Ejemplo:

Mi hermano mayor se llama Nigel. Tiene diecinueve años. Es estudiante de arte.

Mi gato se llama Félix. Tiene tres años.

Ahora sé ...

how to talk about my family ●●●●●●●●●●●●●●●●●●●●●●●●●●●●●●●●●●●●

Soy hija única. / Soy hijo único.	I am an only child.
Tengo dos hermanos.	I have two brothers.
Mi hermano mayor se llama José. Es estudiante.	My older brother is called José. He is a student.
Mi hermano menor tiene doce años y va a la escuela.	My younger brother is twelve and goes to school.
Mi madre trabaja como secretaria.	My mother works as a secretary.
Mi padre es ingeniero.	My father is an engineer.
Mi abuela vive en casa.	My grandmother lives in our house.
Mi hermana mayor tiene un hijo y es ama de casa.	My older sister has a son and is a housewife.

how to ask others about their family ●●●●●●●●●●●●●●●●●●●●●●●●●●●●●●

¿Tienes hermanos o hermanas?	Have you any brothers and sisters?
¿Cómo se llama tu padre?	What is your father's name?
¿Cuántos años tiene tu hermano?	How old is your brother?
¿En qué trabaja tu madre?	What does your mother do for a living?

how to talk about some pets ●●●●●●●●●●●●●●●●●●●●●●●●●●●●●●●●●●●

¿Tienes animales en casa?	Have you any pets?
Tengo un perro.	I have a dog.
Mi gato se llama Pepito. Tiene dos años.	My cat is called Pepito. He is two.
Es blanco y negro.	He's black and white.

the names of pets ●●

un pájaro	a bird
un conejo	a rabbit
un conejo de Indias	a guinea pig
un pez	a fish
un grillo	a cricket
un ratón	a mouse

En esta unidad, aprenderás a:

describirte y preguntar a otros sobre sí mismos

> *Soy baja pero no soy gorda. Tengo los ojos marrones y el pelo largo y castaño.*

El diccionario explica muchas cosas

Mira los dibujos en un diccionario español para niños. ¿Entiendes los dibujos?

Juan y María son simpáticos.

Mi madre es alta.

Mi padre es bajo.

Mis abuelos son viejos.

Mi hermano mayor es gordo.

Mi hermano menor es joven.

Mi hermana es delgada.

Soy guapo.

Juego de combinaciones

 Mira el dibujo.
Busca cosas en común entre estas personas.

Haz grupos de dos. Túrnate con tu pareja.
No se puede repetir una combinación.

Ejemplo:

1 y 9 son delgados.

5 y 10 son gordos.

Ahora escucha las descripciones en la cinta.
¿Quién puede identificar primero la persona?
Levanta la mano y di el número.

Ejemplo:

Es bajo ... es gordo ...

Número 2.

Sancho y Panza

¿Es modesto Panza? Escucha la cinta y lee el texto para decidir.

SANCHO Y PANZA

VOTA PANZA, SU CANDIDATO INDEPENDIENTE. SOY ALTO, DELGADO, GUAPO Y MUY SIMPÁTICO.

Y MODESTO ... ERES MODESTO.

¡QUÉ IMBÉCIL!

SÍ, SOY MODESTO. VOTA PANZA.

Una cuestión de identidad

 Con dibujos como éstos, la policía identifica a los criminales. Trabaja con tu pareja para preparar una descripción de las tres personas.

Ejemplo:

El hombre 1 tiene el pelo corto y rubio ...

... y tiene los ojos verdes.

hombre 1

hombre 2

mujer 1

¿Podéis hacerlo de memoria como estos españoles en la cinta? ¿Lo hacen bien?

Para reconocerme

 Escucha la cinta. ¿Vas a reconocer a tus corresponsales en el aeropuerto?

Toma notas de las descripciones y compara tus notas con las de tu pareja.

¿Eres un buen testigo?

Mira los dibujos durante 30 segundos. Túrnate con tu pareja para describir a las dos personas.

Yo soy así

Lee las cartas y escribe unas frases similares.
Envíalas a un corresponsal español.
Envía también una foto si tienes.

Soy alto y también soy gordo.
Tengo el pelo corto y rubio y
tengo los ojos grandes y azules.

Soy alto y soy bastante
delgado. Tengo el pelo negro y
los ojos negros también.

Tengo el pelo castaño y los ojos
marrones. Llevo gafas. También soy
bastante alta y soy delgada. ¡Me
dicen que soy guapa también!

Soy baja pero no soy gorda. Tengo los
ojos marrones. Tengo el pelo largo y
castaño. Todas las chicas de mi clase
dicen que soy guapa.

¿Son modestos?

 Tu clase recibe una cinta de una clase
española. ¿Qué piensas de los alumnos?
¿Son modestos o no? ¿Son simpáticos?

Pienso en alguien

Imagina que eres una persona famosa: un
actor, un cantante, un futbolista por ejemplo.
Tu pareja tiene que adivinar quién eres. Aquí
hay algunas preguntas:

¿Eres hombre o mujer?

¿Eres inglés? o ¿Eres inglesa?

¿Eres americano? o ¿Eres americana?

¿Eres español? o ¿Eres española?

¿Cuántos años tienes?

¿Eres alto o bajo? o ¿Eres alta o baja?

¿Tienes los ojos azules?

¿Tienes el pelo largo o corto?

Tu familia

Busca una foto o unas fotos de tu familia para tu fichero personal y describe a cada persona de tu familia al lado de la foto. Puedes enviar esta descripción de tu familia a un amigo español.

Ejemplo:

Hay tres personas en mi familia: mi padre, mi madre y yo.
Mi padre se llama Pete. Tiene 40 años. Es alto y bastante delgado y lleva gafas. Tiene el pelo moreno y los ojos verdes.
Mi madre es bastante alta. Tiene 38 años. Es guapa y muy simpática. Tiene el pelo corto y los ojos azules.

Pronunciación

In English the vowel sounds (**a, e, i, o, u**) change depending on the combination of letters for example:

a   **a**nt, p**ai**nt
i   p**i**p, p**i**pe

Sometimes the same word can be pronounced in two different ways:

r**ea**d, r**ea**d
r**o**w, r**o**w

In Spanish all vowels can only be pronounced in one way:

a   **a**lto   **o**   **o**jo**s**
e   **e**stúpido   **u**   **u**nidad
i   **i**nte**l**igente

All vowels are pronounced. The new words in this *unidad* allow you to practise these sounds. To practise these sentences, listen to the cassette, practise with the cassette and then on your own again.

Es gordo y tiene el pelo rubio.

Soy muy guapo.

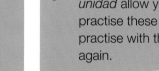

Son bastante delgados y muy simpáticos.

¿Eres inteligente?

Tengo los ojos azules y el pelo castaño.

Contra-reloj

Selecciona una foto de las unidades 1 a 10 y escribe seis frases describiendo a la persona.

 Túrnate con tu pareja para batir el récord.

Ahora sé ...

how to ask about and describe someone ●●●●●●●●●●●●●●●●●●●●●●●●●●●●●●●●●

¿Cómo es?	What is he or she like?
Juan es alto y delgado y muy simpático.	Juan is tall and slim and very nice.
Marta es bastante baja. Tiene los ojos azules.	Marta is quite short. She has blue eyes.
Tiene el pelo corto y moreno.	He or she has short, dark hair.
Tiene el pelo largo y rubio.	She or he has long, blond hair.
Son viejos.	They are old.
Es joven y lleva gafas.	She or he is young and wears glasses.

how to describe myself ●●●●●●●●●●●●●●●●●●●●●●●●●●●●●●●●●●●●●●●

Soy bastante gordo pero soy guapo.	I am quite fat but am handsome.
Soy inteligente. No soy estúpido.	I am intelligent. I'm not stupid.
Tengo los ojos verdes y el pelo castaño.	I have green eyes and brown hair.
Tengo el pelo negro y los ojos marrones.	I've got black hair and brown eyes.

UNIDAD **11** ¿Qué te gusta hacer?

En esta unidad, aprenderás a:

> *No me gusta el fútbol, pero me gusta el ciclismo.*

decir qué te gusta y qué no te gusta

hablar de deportes y pasatiempos

> *Juego al baloncesto.*

Los deportes

Mira estos folletos:

Selecciona dos folletos de deportes que te interesan.

golf

Tenis

EQUITACION

WINDSURFING

deportes acuáticos

Hay otros deportes:

el esquí		el fútbol	
la pesca		el ciclismo	
el jogging/ el footing		el atletismo	
el squash		la gimnasia	
el baloncesto		la natación	
		el rugby	

Ponlos en orden de preferencia (1, 2, 3 ...) y compara el orden con la lista de tu pareja.

Ejemplo:

> *Para mí el número 1 es la natación.*

> *Para mí, el esquí.*

> *Y el 2 el rugby.*

¿Qué deporte practicas?

Lee los deportes favoritos de tres españoles.

> *Soy el rey. Practico deportes acuáticos, sobre todo la vela.*

> *Soy Seve Ballesteros y juego al golf.*

 Luego escucha a los jóvenes españoles.
Apunta los deportes que mencionan.
¿Cuáles son más populares?

> *Soy el príncipe Felipe. Mis deportes favoritos son la vela y el esquí.*

Los deportes favoritos de tu clase

Haz una encuesta de tu clase.

Usa esta tabla para ayudarte:

> *¿Qué deportes practicas?*

Juego	al fútbol.
	al hockey.
	al baloncesto.
	al tenis.
	al squash.
	al golf.
	al rugby.
Practico	el atletismo.
	el ciclismo.
	el esquí.
	el jogging/footing.
	la equitación.
	la natación.
	la gimnasia.

Ejemplo:

> *¿Qué deportes practicas?*

> *Juego al tenis, practico la gimnasia y el ciclismo.*

Aquí hay una encuesta de 30 alumnos de un colegio de Málaga.
Compara los resultados con la encuesta de tu clase.

fútbol	18
natación	16
baloncesto	15
footing	12
tenis	8
ciclismo	5
esquí	4
gimnasia	3
equitación	1
squash	1
hockey	0
golf	0

Espectáculos o deportes típicamente españoles

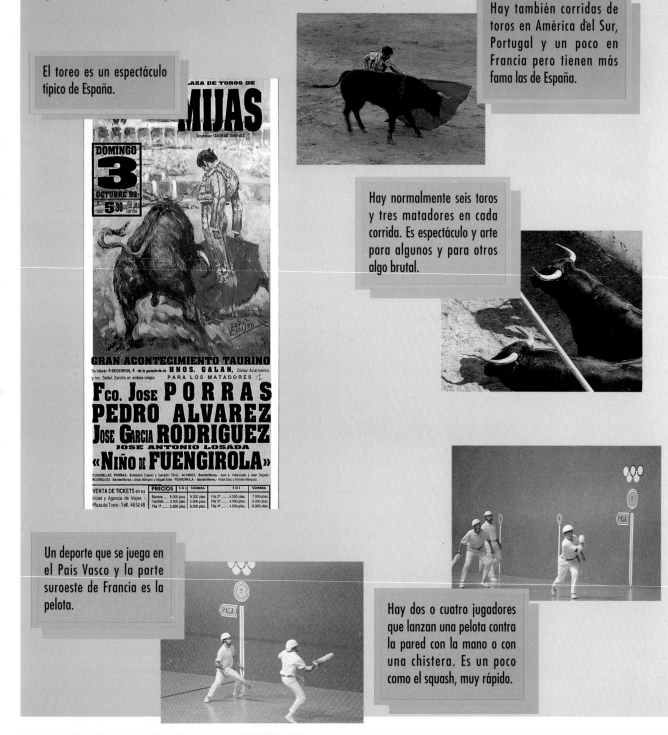

El toreo es un espectáculo típico de España.

Hay también corridas de toros en América del Sur, Portugal y un poco en Francia pero tienen más fama las de España.

Hay normalmente seis toros y tres matadores en cada corrida. Es espectáculo y arte para algunos y para otros algo brutal.

Un deporte que se juega en el País Vasco y la parte suroeste de Francia es la pelota.

Hay dos o cuatro jugadores que lanzan una pelota contra la pared con la mano o con una chistera. Es un poco como el squash, muy rápido.

Aprender a aprender

Before going on to ***¿Qué haces en tus ratos libres?*** it is useful to look at ways of learning a lot of new language which is presented to you. How are you going to learn new words and phrases? One way is to look at patterns which recur: verbs that are used frequently: for example *escucho*, *toco*. Another is to decide which words you need to concentrate on. *Veo la televisión* is obvious whereas *bailo* is not close enough to the English to be recognisable. You may decide to list the words in order of difficulty and begin by learning the most difficult. Failure to do this often means that you concentrate on the easy words and the difficult ones never get learnt!

¿Qué haces en tus ratos libres?

Hay el deporte, pero hay también otras actividades.

¿Tu pasatiempo no está? Entonces pregunta a tu profesora o a tu profesor o busca en un diccionario. ¡Cuidado con el cricket! ¿Por qué?

Voy al cine.

Bailo.

Veo la televisión.

Veo un partido de fútbol.

Escucho la radio.

Escucho música.

Escucho discos.

Leo un libro.

Toco la guitarra.

Toco el piano.

Toco la batería.

Toco la flauta.

99

Los pasatiempos favoritos

Aquí hay una lista de pasatiempos. Haz dos listas;
una de los cinco pasatiempos favoritos de tu país y
otra de los cinco pasatiempos favoritos de los
españoles, en tu opinión.

estar con amigos o con amigas
bailar en discotecas
hacer deportes
ir al cine
escuchar música
salir de excursión al campo
tocar un instrumento musical
leer libros
ir al teatro
ver la televisión
escuchar la radio

Y tú, ¿qué haces?

Contesta a las preguntas de tu corresponsal.

Aquí tienes más ejemplos para ayudarte.

Soy muy deportista. Juego al tenis y al badminton e
verano y practico la natación en invierno.

¡Hola amigo!
Dices que te gustan los
deportes. Yo vivo cerca de un
polideportivo. Soy muy
deportista también. Juego al
squash con mis amigos y practico
el jogging y el ciclismo. Los
fines de semana voy al cine o a
la discoteca. Los sábados voy a
casa de mi amiga o veo un
partido de fútbol. ¿Qué deportes
practicas? ¿Juegas al squash
también? ¿Qué haces los fines de
semana? Nada más por hoy.
Un saludo

Nicolás

Por las tardes, leo un poco o escuch
discos o voy a la discoteca.

No practico muchos deportes. Hago un poco de
gimnasia, pero eso es todo. Prefiero
ver la televisión.

No juego al fútbol, pero veo los partidos del Real
Madrid. Los fines de semana voy a las discotecas
bailar (¡sólo bailes modernos!).

Durante las vacaciones juego al
tenis y al golf.

Escucho la radio y mis discos e
casa o en casa de una amiga.

¿Qué te gusta?

Me gusta la música.

Me gustan los caramelos.

No me gusta el deporte.

No me gustan los chicos.

Escucha la cinta.
Apunta las respuestas como los ejemplos:

Ejemplos:

¿Te gusta la televisión?

Sí, me gusta la televisión.

televisión ✓

¿Te gustan los caramelos?

No, no me gustan.

caramelos ✗

¿Son fanáticos?

 Escucha a unos españoles en la radio.
¿Qué dicen los entusiastas? Repítelo.

Ejemplos:

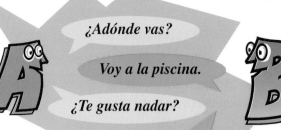

¿Adónde vas?

Voy a la piscina.

¿Te gusta nadar?

Hombre, sí. ¡Qué sí me gusta la natación!

¿Qué haces los fines de semana?

Bueno, voy a pescar.

¿Te gusta la pesca?

Pues, sí me gusta.

Me gusta más …

Tu amigo español va a la Costa del Sol a pasar sus vacaciones. Escucha y lee esta parte de su carta.

Málaga es una ciudad muy bella. Me gusta mucho pero me gusta más Torremolinos porque tiene muchas playas magníficas. Me gusta mucho ir a la playa porque me gustan los deportes acuáticos. En Málaga me gustan los monumentos como la Alcazaba y el Gibralfaro, pero creo que me gustan más los clubs y las discotecas. En Torremolinos sobre todo son muy animados. Es una región muy interesante, lo único malo es que hay muchísimos hoteles y turistas. No me gustan todos los turistas que están en la playa y no me gustan los hoteles grandes por toda la costa.

Tú, ¿estás de acuerdo con tu amigo?

Compara la carta con estas opiniones.

No me gustan los hoteles de la costa. Son muy grandes y hay muchos turistas.

Málaga no es muy bella. Me gusta más Sevilla.

Me gustan también las playas de Torremolinos.

A mí me gustan los deportes acuáticos también.

Se busca corresponsal

Primero haz una lista de tus gustos y deportes favoritos.

Luego lee los anuncios en una revista española.
¿A quién te gustaría más escribir?

¡Hola amigos! Mi nombre es Carolina Jiménez. Tengo 15 años. Me gustan mucho los animales - tengo dos gatos y un perro. También me gusta leer y salir al campo.
c/de la Macarena 49, 2º dcha. Sevilla.

¡Hola! Tengo 16 años y me llamo Pepe Montero. Toco la guitarra y soy miembro de un grupo. Me gusta escuchar discos y ver la televisión. Deseo ponerme en contacto con chicos o chicas de todos los países.
Avda. Fernando el Católico 24, Valladolid

Me llamo Pili Narvaez. Tengo 14 años. Me gustan todos los deportes. También me gusta la música pop. Quiero escribir a ingleses o a inglesas de 13 a 16 años.
c/Goya 36, izda. Madrid

Me llamo José María Sancho. Me gustan el esquí y el baloncesto. Quiero escribir a chicos ingleses o americanos para practicar el inglés.
c/Santiago 22, Lugo.

Prepara una descripción que puedes enviar a una revista española.

Usa estas frases para ayudarte.

Me gusta mucho ...
Me gustan todos ... o Me gustan todas ...
Quiero escribir a chicos de ... o Quiero escribir a chicas de ...
También me gusta ...

El juego de segundos

Prepara una charla de 30 segundos sobre tus gustos.

Tienes que hablar a tu pareja durante 30 segundos y recibes un punto por segundo.

Si hay repetición o una pausa no se puede continuar.

¿Por qué me gusta Juan?

 Lee y escucha la poesía.

Juan me gusta mucho
Qué sí, me gusta muchísimo.
Le gusta el baloncesto
Y a mí el atletismo.
Le gusta la radio
Y a mí la televisión.
Le gustan los deportes acuáticos
Y a mí la equitación.
Juan es alto, yo soy baja.
El es gordo y yo soy delgada.
Juan me gusta mucho
Pero ¿por qué?

103

¿Puedes escribir un anuncio a una revista juvenil como poesía?

Ejemplo:

¡Hola!
¡Hola amigos! Me llamo Simón.
A mí me gusta la equitación.
Toco la guitarra y canto una canción,
Pero me fastidia mucho la televisión.

Pronunciación

En español la letra **j** se llama jota.
Aquí unos ejemplos:

ejemplo, juego, José, lejos, jueves
Pero ¡cuidado con *jogging*!

Escucha estas frases y repítelas:
Yo juego al fútbol los jueves.
No me gusta José pero me gusta mucho Juan María.

Haz este trabalenguas para practicar:

Jaime es el hijo de Alejandro
Y Josefina es la mujer de Jaime.
Si Jesús es el hijo de Jaime,
¿Quién es el hijo de Josefina?
Y si María José es la abuela de Jesús,
¿Quién es la madre de Jaime?

Sancho y Panza

Lee y escucha.

Extra

Estos objetos tienen relación
con deportes y pasatiempos.
Haz una frase diferente, una
pregunta o una respuesta sobre
cada uno.

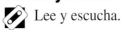

Ahora sé ...

how to ask and answer questions about sports ●●●●●●●●●●●●●●●●●●●●●●●●●

¿Qué deportes practicas?	What sports do you do?
Juego al tenis.	I play tennis.
Practico el jogging.	I go jogging.
¿Te gusta la equitación?	Do you like horseriding?

how to ask and talk about hobbies and pastimes ●●●●●●●●●●●●●●●●●●●●●●●

¿Qué haces en tus ratos libres?	What do you do in your spare time?
Toco la guitarra.	I play the guitar.
Escucho la radio.	I listen to the radio.
Veo la televisión también.	I watch television too.
Voy al cine.	I go to the cinema.
En verano, bailo los fines de semana.	In summer, I dance at the weekends.
Leo en casa.	I read at home.
En invierno, veo un partido de fútbol.	In winter, I watch a football match.
¿Te gusta la música?	Do you like music?
¿Te gusta practicar jogging?	Do you like jogging?
Te gustan los discos?	Do you like records?
Me gusta el cine.	I like the cinema.
Me gusta leer libros.	I like reading books.
Me gustan los españoles.	I like Spanish people.
No me gusta bailar.	I don't like dancing.
No me gustan los exámenes.	I don't like exams.
Me gusta más el esquí.	I prefer skiing.

the names of some sports ●●●

el golf	golf	la vela	sailing
el tenis	tennis	la pesca	fishing
el fútbol	football	la natación	swimming
el baloncesto	basketball	el jogging/footing	jogging
el esquí	skiing	el rugby	rugby
el squash	squash	el atletismo	athletics
el ciclismo	cycling	la gimnasia	gymnastics
los deportes acuáticos	water sports		

the names of several pastimes ●●●●●●●●●●●●●●●●●●●●●●●●●●●●●●●●●●●

tocar un instrumento	to play an instrument
leer un libro	to read a book
escuchar música, discos, la radio	to listen to music, records, the radio
ver la televisión	to watch television
ir al cine, a las discotecas	to go to the cinema, to discos
bailar	to dance
salir al campo	go out into the country

the names of some musical instruments ●●●●●●●●●●●●●●●●●●●●●●●●●●●●

el piano	piano
la batería	drums
la flauta	flute

105

En esta unidad, aprenderás a:

Me pone un kilo de naranjas, por favor.

Muy bien. ¿Algo más?

◄ comprar comida en el mercado

La comida en España

La comida en España es muy buena. La fruta y las verduras son excelentes y se exportan mucho a otros países. Las verduras se toman como un plato especial, no con la carne como en Inglaterra. Normalmente se toma fruta al final de la comida.

la fruta

1

las verduras

2

España es una península con muchas costas y, por eso, hay una gran variedad de pescado y mariscos.

el pescado

los mariscos

También se come carne y pollo, carne cocida como el jamón de York y el salchichón, y muchos huevos.

3

la carne

el jamón

el salchichón

el pollo

los huevos

4

Los platos españoles más famosos son el gazpacho, la tortilla española y la paella.

el gazpacho

la tortilla española

la paella

5

Al desayuno (a las ocho o las nueve de la mañana) sólo toman una taza de café o chocolate y tostadas. A las dos o las tres toman la comida principal del día y comen tres platos. Cenan muy tarde (a las nueve o las diez de la noche) otra comida grande de dos o tres platos.

107

La comida española, ¿es diferente?

Un amigo español te escribe sobre las comidas típicas en su casa.

Apunta las diferencias más importantes.

Compáralas con tu pareja.

> Para el desayuno no tomo mucho, sólo una taza de café y unas tostadas. A las dos y media para la comida principal del día, tomo, de primer plato, una sopa. De segundo, carne (un bistec, por ejemplo), ensalada y patatas fritas, y para postre, fruta. Para la cena, que se toma en mi casa a las diez de la noche, normalmente hay tortilla, un segundo plato de pescado con ensalada y pan y, para postre, queso o helado.

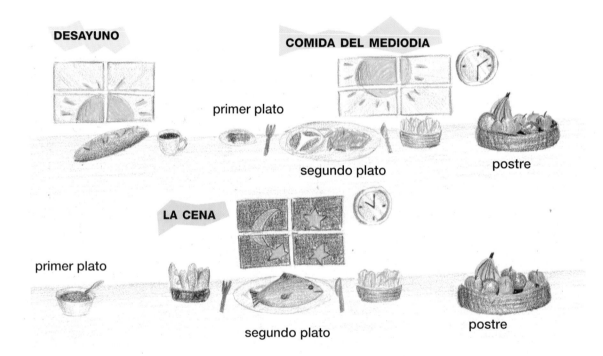

DESAYUNO

COMIDA DEL MEDIODIA

primer plato

segundo plato

postre

LA CENA

primer plato

segundo plato

postre

¡Escuchad!

Escucha una conversación entre dos jóvenes que hablan de las diferencias que encuentran en Inglaterra.

¿Qué diferencias notan?

los cereales	cereals
el pan tostado	toast
un huevo frito	a fried egg
la mantequilla	butter
la mermelada	jam
el yogur	yoghurt
el pudín	pudding
la salsa	sauce or gravy
las galletas	biscuits

108

Mis comidas típicas

Describe tus comidas típicas en una carta a un amigo español. Usa la carta en la página 108 para ayudarte.

Ejemplo:

Para el desayuno, tomo una taza de té y cereales.
A la una ...

En el mercado

E̶l mercado de Málaga es muy típico. Es grande y vende toda clase de carne, pescado, fruta y verduras.

Mira esta selección. A ver si tienes buena memoria. Mira los artículos un minuto. Cierra el libro. ¿Cuántos artículos puedes escribir?

Ejemplo:

Manzanas

109

SARDINAS
SARDINAS

bacalao
1.000 ptas. Kg

sardinas
290 ptas. lata

guisantes
180 ptas kilo

naranjas
250 ptas Kg

tomates
150 ptas. Kg

barra
90 ptas.

gambas
2.000 ptas. Kg

manzanas
200 ptas. Kg

coliflor
160 ptas.

plátanos
250 ptas. Kg

jamón
230 ptas.100g

queso
180 ptas.100g

merluza
1.100 ptas Kg

Mira la selección otra vez. ¿Cuántos precios puedes escribir con el artículo?

Ejemplo:

Manzanas   200 ptas.

Tu pareja puede hacerte preguntas.

Ejemplo:

¿Cuánto cuesta el bacalao?

Mil pesetas el kilo.

Aprender a aprender

It is difficult to remember a lot of vocabulary at once.
Make a vertical list of vocabulary. Look at the vocabulary for a minute.
Test yourself to see how many you remembered.
Did you find that you did better with the things at the beginning and end and less well with the things in the middle?
That's what most people do. What can you do about this to help you learn?

Me pone …

Buenos días.

Buenos días, ¿qué quiere?

¿Me pone cien gramos de jamón, por favor.

Muy bien, ¿algo más?

No, gracias. ¿Cuánto es?

Ciento setenta pesetas.

Escucha a los clientes en el mercado. ¿Qué quieren y cuánto?

Una comida de excursión

Aquí tienes una lista de ingredientes típicas para hacer una comida de excursión (un 'picnic').

Intenta aprender la lista y practica con tu pareja.

Usa el diálogo *Me pone ...* como ejemplo.

pan	(1 barra)
jamón de York	(100g)
queso	(200g)
sardinas	(1 lata)
plátanos	(2 kilos)
manzanas	(1 kilo)

Usa estas frases para ayudarte:

cien gramos de ...

doscientos gramos de ...

quinientos gramos de ...

una lata de ...

una barra de ...

Ahora cierra el libro y escucha a un amigo que pide estos artículos.

¿Es correcta su lista?

¿Qué diferencias hay?

¡Qué memoria tengo yo!

Tengo una memoria, ¡qué memoria tengo yo!
Ya verás cuando voy al mercado.
Tengo una memoria, ¡qué memoria tengo yo!
No tengo una lista, ¡está chupado!

1   Primero la carne: el pollo y el salchichón
    Un kilo de chuletas y medio de jamón.

    Tengo una memoria, ¡qué memoria tengo yo!
    Ya verás cuando voy al mercado.
    Tengo una memoria, ¡qué memoria tengo yo!
    No tengo una lista, ¡está chupado!

2   Luego la merluza, gambas y el bacalao,
    Una lata de sardinas, y tengo el pescado.

    Tengo una memoria, ¡qué memoria tengo yo!
    Ya verás cuando voy al mercado.
    Tengo una memoria, ¡qué memoria tengo yo!
    No tengo una lista, ¡está chupado!

3   Ahora las verduras, sí, tomates por favor
    Manzanas y naranjas sin olvidar una coliflor.

    Tengo una memoria, ¡qué memoria tengo yo!
    Ya verás cuando voy al mercado.
    Tengo una memoria, ¡qué memoria tengo yo!
    No tengo una lista, ¡está chupado!

    Pero, ¿qué es esto?
    He olvidado mi monedero
    Fruta, carne y pescado,
    ¡Todo menos el dinero!

Vocabulario

chupado	very easy
sin olvidar	without forgetting
ya verás	you will see
he olvidado	I've forgotten

Chiste

gallina	hen

Sancho y Panza

Lee y escucha.

Pronunciación

Escucha la cinta y lee las frases.
¿Qué tienen en común estas frases?

Un kilo de merluza, por favor.
¿Me da seis botellas de cerveza?
Deme un litro de zumo de naranja.
Me pone un kilo de manzanas.

Todos tienen una palabra con **z** (**zeta** en español).
Se pronuncia como *th* en inglés.

Otros ejemplos en *¡Vaya! nuevo 1* :

taza, azul, buzón, lápiz, marzo, plaza, pizarra.

 Túrnate con tu pareja para pronunciarlas.

Luego escucha la cinta.

Finalmente, ¿cómo se pronuncia Zaragoza?

Extra

Preparas una comida para un amigo español.
El amigo español (tu pareja) dice lo que le gusta.
Escribe lo que vais a comer.

Ahora sé …

how to buy food in a market •••••••••••••••••••••••••••••••••••

¿Me pone un kilo de tomates?   Could I have a kilo of tomatoes?

how to ask for certain weights and quantities ••••••••••••••••••••••

¿Me pone cien gramos de jamón y doscientos   Could I have 100 grammes of ham and 200
gramos de queso?   grammes of cheese?

how to state what I would like ••••••••••••••••••••••••••••••

Quiero medio kilo de naranjas.   I would like half a kilo of oranges.
Un kilo de plátanos, por favor.   A kilo of bananas, please.

how to say what I normally eat •••••••••••••••••••••••••••••••

Para el desayuno, tomo cereales y café.   For breakfast, I have cereal and coffee.
Para postre, un yogur o fruta.   For dessert, a yoghurt or fruit.

some words connected with meals and food ••••••••••••••••••••

el desayuno	breakfast
la comida	lunch
la cena	dinner
comer	to eat
beber	to drink

the names of some items of food and drink ••••••••••••••••••••

el gazpacho	cold soup
la paella	paella
los guisantes	peas
la tortilla española	Spanish omelette
el jamón	ham
el queso	cheese
el pollo	chicken
los mariscos	sea food
la merluza	hake
el bacalao	cod
las gambas	prawns
las naranjas	oranges
los plátanos	bananas

En esta unidad, aprenderás a:

pedir una comida ...

¿Qué quiere de postre?

Un helado, por favor.

... y pagar la cuenta

RESTAURANTE CHINO
MARE NOSTRUM

C/. Fray Junípero Serra, s/n. - Tel. 252 42 62
29780 NERJA (Málaga)

Menú	A	2	7280
Cafés		2	250
Vino			700
		TOTAL	8230
		IVA incluido	

Servicio incluido

Tengo hambre y sed

Tengo hambre.

Tengo sed.

Si tienes hambre o sed es posible decirlo indirectamente. Lee el diálogo.

A: *¡Ah! Mira, un restaurante.*

¿Tienes hambre?

Sí, mucha.

Vamos al restaurante, entonces.

¿Qué contestas en cada caso?

1 *¡Qué restaurante más atractivo!*

2 *Hay una cafetería por aquí, ¿verdad?*

114

En el restaurante

Cuando vas a un restaurante hay normalmente un menú del día. En el restaurante *El Bosquecillo* hay dos menús del día.

¿Qué diferencias hay entre las comidas?
¿Cuál prefieres?

Ejemplo: Prefiero el primero porque hay paella. Me gusta paella.

fruta del tiempo

ensalada

Restaurante el Bosquecillo

Menú del día 1	1.600 ptas.
Sopa	Soup
Paella	Paella (rice dish)
Flan	Caramel custard
Helado	Ice cream
Pan y vino	Bread and wine

Menú del día 2	2.400 ptas.
Ensalada	Salad
Pollo asado	Roast chicken
Queso	Cheese
Fruta del tiempo	Fruit in season
Pan y vino	Bread and wine

115

¿Tiene una mesa libre, por favor?

Escucha dos grupos que quieren una mesa en el restaurante.

¿Cuántas personas hay?
¿Hay una mesa para ellos?

¿Tiene una mesa libre, por favor?	Do you have a table free?
¿Para cuántas personas?	For how many people?
Para tres/cuatro.	For three/four.
Sí, pasen por aquí, por favor.	Yes please come this way.
No, lo siento. No hay nada.	No, I'm sorry. There's nothing.

Practica un diálogo con tu pareja.

Decide cuántas personas hay en tu grupo.

Buenos días, señores.

············

Pues, sí, pasen por aquí, por favor.

Si no hay una mesa libre, ¿qué haces?

Escucha a estos clientes.
¿Cómo tratan el problema?
¿Lo hacen bien o mal?

La carta, por favor

¡Oiga camarero!

Sí, dígame, ¿qué desea?

¿Me trae la carta, por favor?

En seguida, señora.

 Descubre los gustos de tus amigos.

Ejemplo:

¿Te gusta la chuleta de cerdo?

No, no me gusta el cerdo, me gusta más el pollo, y ¿qué te gusta a ti?

los huevos con tomate

Me gustan más los huevos con tomate.

PRIMER PLATO	FIRST COURSE
gazpacho	*cold tomato and cucumber soup*
sopa de cebolla	*onion soup*
ensalada	*salad*
verduras y legumbres	*vegetables*
guisantes con jamón	*peas with ham*
judías verdes	*green beans*
champiñones	*mushrooms*
huevos con tomate	*eggs with tomato sauce*
tortilla española	*Spanish omelette (with potatoes and onion)*
tortilla francesa	*omelette*
paella	*paella (rice dish with sea food and meat)*

SEGUNDO PLATO	SECOND COURSE
merluza a la romana	*hake in batter*
bacalao a la vizcaina	*cod in tomato sauce*
gambas a la plancha	*grilled prawns*
pollo asado	*roast chicken*
chuleta de cordero	*lamb chop*
chuleta de cerdo	*pork chop*
bistec	*steak*

POSTRES	DESSERT
helado	*ice cream*
flan	*caramel custard*
fruta del tiempo	*fruit in season*
queso	*cheese*

Pronunciación

Qu se pronuncia como **K** en inglés.
Hay ejemplos en todo el libro.
¿Qué ejemplos puedes encontrar en esta unidad?

¡Hay que escoger!

 La familia de tu amigo tiene un restaurante.
Trabajas de camarero o camarera.
Apunta qué quiere cada persona.

Para mí

 Usa los menús de *La carta, por favor* en la página 116.
Túrnate con tu pareja para ser el cliente y el camarero.
El camarero apunta lo que quieres y lo repite al final.

¡Oiga camarero!

¿Qué quiere de postre, por favor?

Pues, para mí ......

Sí, señorita, dígame. ¿Qué va a tomar?

¿Va a tomar café después?

Para mí, de primero ......

Sí ......

¿Y después?

Muy bien. En seguida.

Después, de segundo ......

Y, ¿para beber?

...... por favor.

Vale de primero ...... después ...... y para beber ......

Sí, gracias.

Sancho y Panza

Lee y escucha.

La cuenta

¿Me trae la cuenta, por favor?

La cuenta, por favor.

Lee la cuenta a ver si

a)   está bien
b)   el servicio está incluido
c)   hay otros extras.

vino rosado

Mesón del Rastro

Sopas	2	440
Guisantes	1	360
Merluza	1	1000
Pollo	1	700
Cerdo	1	720
Postres	3	1200
Cafés	3	360
Vino		500
TOTAL		5280
más IVA		520
		5800

Servicio incluido

Sopa de letras

En esta sopa de letras hay las palabras para un plato
del día, 5 palabras en total.

 Cuando tienes las palabras haz un diálogo con
tu pareja.
Pide las cinco cosas.

SELDAAAN
LOPOL
STAPATA
LFNA
FEAC

Ahora sé ...

how to say that I am hungry or thirsty ●●●●●●●●●●●●●●●●●●●●●●●●●●●●●●●

Tengo hambre.	I am hungry.
Tengo sed.	I am thirsty.

how to understand the waiter's questions ●●●●●●●●●●●●●●●●●●●●●●●●●●●●●●

¿Qué va a tomar?	What are you going to have?
¿Qué quiere de postre?	What would you like as a sweet?
¿Para beber?	What would you like to drink?

how to make a choice from the menu ●●●●●●●●●●●●●●●●●●●●●●●●●●●●●●

Para mí, paella.	For me, paella.
De primero, sopa de cebolla.	For starters, onion soup.
Después, de segundo una chuleta de cerdo.	Afterwards as a second course a pork chop.
De postre, un flan.	As a sweet, a caramel custard.

how to ask for a table, the menu and the bill ●●●●●●●●●●●●●●●●●●●●●●●●●

¿Tiene una mesa libre?	Do you have a table?
La carta, por favor.	The menu please.
¿Me trae la cuenta?	The bill please.

the names of more items of food ●●●●●●●●●●●●●●●●●●●●●●●●●●●●●●

la sopa de cebolla	onion soup
la ensalada	salad
las judías verdes	green beans
la tortilla francesa	omelette
la fruta del tiempo	fruit in season
los champiñones	mushrooms
el bistec	steak
el flan	caramel custard
la chuleta de cerdo	pork chop

En esta unidad, aprenderás a:

¿Tiene algo para el dolor de cabeza?

entender los
problemas de otros ▶

Me duele el estómago. No puedo ir al colegio.

Sí, las aspirinas son muy buenas.

▲
decir qué te pasa y
entender el remedio

¡Busca una farmacia!

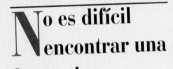

No es difícil
encontrar una
farmacia.

Normalmente hay una
cruz verde delante de la
tienda que indica que
allí se venden
medicinas. Si no te
encuentras bien y no es urgente vas a ir
probablemente a una farmacia y no al médico.
En las grandes ciudades hay siempre farmacias
abiertas día y noche. Si quieres saber cuáles
están abiertas se puede mirar en el periódico. Si
es urgente tienes que llamar a los servicios
médicos. El número está también en el periódico.

**Servicio
farmacéutico**

**Abiertas todo el día
De 9 horas de hoy
a 9 horas de mañana**

Alfonso: Av. Hospital Militar, 125.
T. 247-23-20; Bros: Mallorca, 131.
T. 253-41-06; Cuxart: Las Torres,
58. T. 350-49-83; Ferrán: Escocia,
71-73. T. 251-45-23; Ferrán: Valle
Ordesa, 10. T. 229-59-18; Font:
Caspa, 15. T. 231-94-06; Lloret:
Rda. San Pablo, 51. T. 241-25-44;
Mestre: Sants, 145. T. 339-56-44;
Morales: Gran Vía, 1.132 (entrada
c. Paraguay local, 14). T. 313-84-00;
Piqueras: P.º Manuel Girona, 6. T.
203-81-89; Plana: Clot, 114. T. 231-
91-57; Rubiralta: Nou de la Rambla,
28. T. 318-49-42; Suñer: P.º San
Juan, 111. T. 257-53-72.

**DE 9 MAÑANA
A 10 NOCHE**

FARM. MARTI LLEDO
P.º Gracia, 59. T. 215-19-59
**FARMACIA DR. SERRA
CENTRO DE ESPECIFICOS**
T. 218-33-65 y 217-71-43
Diagonal, 478 (V. Augusta)
C. ESPECIFICOS PROVENZA
Farm. Dr. Suñer. P.º S. Juan, 111
Provenza, 370. T. 257-53-73
FARM.º M. J. CAMPS
Planeta, 39. T. 218-77-67
(M. Pelayo-Pza. Sol)
**FARM. C. ESP. MONTSERRAT
M. I. ESPINOSA GIMENEZ**
Ramblas, 118 (Puestaferrisa)
T. 302-10-19 y 302-43-45

FARM. M.º A. RUBIRALTA
Nou de la Rambla, 28
Tel. 318-88-29
F. PIQUERAS. T. 203-81-89
P.º M. Girona, 4 (Av. Victoria)
DAVID BROS. Mallorca, 131
esq. Villarroel
FARM. M.º P. GINE
Av. Sarriá 125. T. 204-82-63
Fte. R.C.D. Español

**DE 9 A 1.30 Y DE 4.30
A 10 NOCHE**

FARM. VILADOT. Amigó, 30
esq. Porvenir. 200-37-30
FARM. DOMINGUEZ SORS
Meridiana, 344, jto. a Sears
FARM. PELAYO RUBIO
Plaza Real, 13 T. 318-33-48

En la farmacia

En la farmacia vas a pedir estos medicamentos importantes:

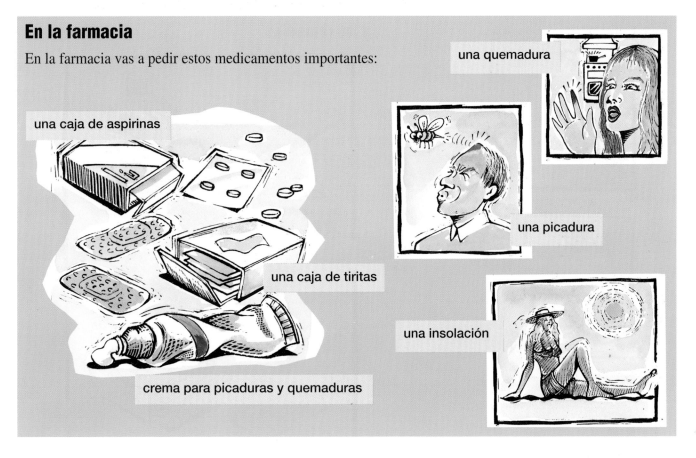

una quemadura

una caja de aspirinas

una caja de tiritas

una picadura

una insolación

crema para picaduras y quemaduras

121

Escucha a los clientes. ¿Qué compran?

¿Los clientes compran una caja grande o pequeña o un paquete grande o pequeño de algo?

Túrnate con tu pareja para pedir todas las combinaciones posibles de los artículos en esta página.

Ejemplo:

¿Tiene aspirinas?

Sí. ¿Quiere una caja grande o pequeña?

Una caja pequeña, por favor.

Muy bien.

Los problemas ...

la tos

el catarro

una insolación

el dolor de cabeza

el dolor de estómago

una picadura

... y los remedios

el jarabe

las pastillas

la crema

las tiritas

una quemadura

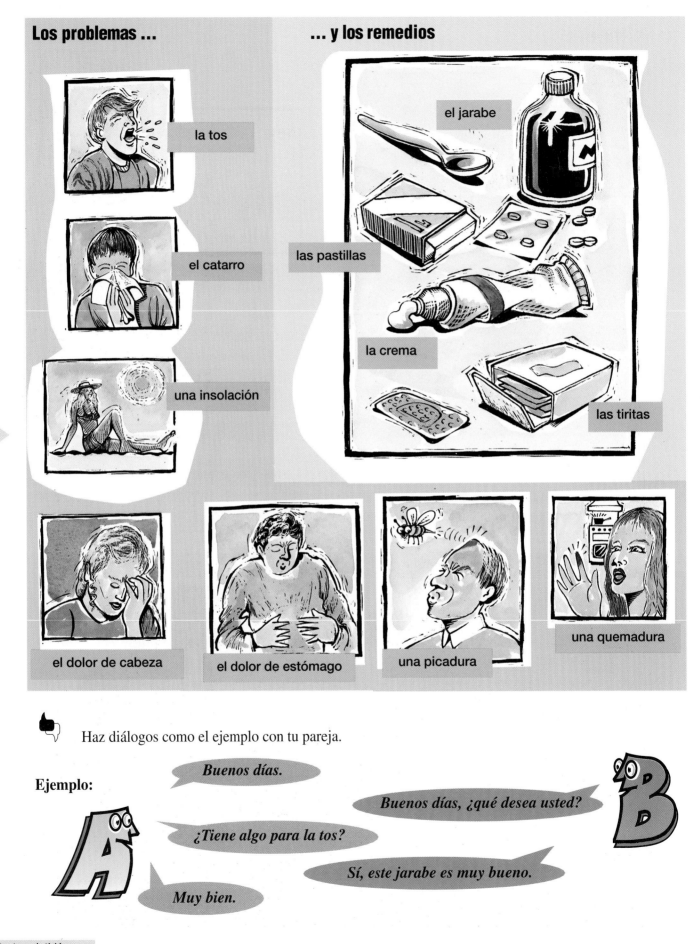

Haz diálogos como el ejemplo con tu pareja.

Ejemplo:

Buenos días.

Buenos días, ¿qué desea usted?

¿Tiene algo para la tos?

Sí, este jarabe es muy bueno.

Muy bien.

Mamá, me siento mal

Lee y escucha la canción.

1   Mamá, mamá, me siento mal,
    Me duele la cabeza.
    No puedo ir al colegio.

2   Papá, papá, me siento mal,
    Me duele el estómago.
    No puedo ir al colegio.

3   Abuelita, me siento mal,
    Me duelen los ojos.
    No puedo ir al colegio.

4   Abuelito, me siento mal,
    Me duelen las muelas.
    No puedo ir al colegio.

5   Conchi, ¿qué tal? ¿Te sientes mal?
    ¿Te duele todo eso?
    No vas a ir al colegio.
    ¿Verdad, mamá?
    Sí, ¡es sábado!
    ¡Oh!

Sancho y Panza

Lee y escucha.

¿Qué les pasa?

Tengo fiebre.	I have a temperature.
Me duele la garganta.	I have a sore throat.
Me duele la cabeza.	I have a headache.
Me duele el estómago.	I have stomach ache.
Me duele el brazo.	I have a sore arm.
Me duelen las muelas.	I have toothache.
Me duelen las piernas.	My legs are hurting.
Me duelen los pies.	I have sore feet.

Ejemplos:

¿Qué les pasa a los turistas?

Escucha la cinta.

¿Qué les pasa a los pobres turistas? Toma notas de sus síntomas para explicar al director del hotel.

¿Qué les duele?

Si no hay una farmacia cerca, puedes sugerir algo.

Ejemplos:

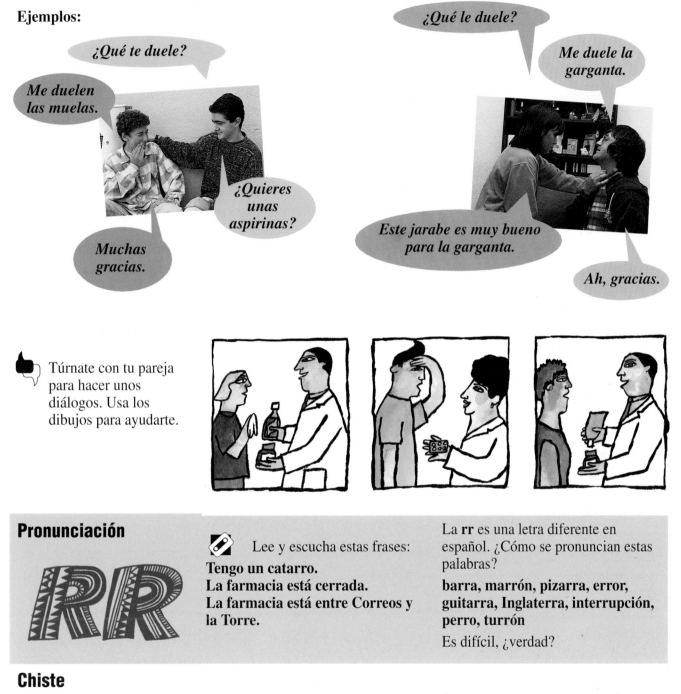

¿Qué te duele?

Me duelen las muelas.

¿Quieres unas aspirinas?

Muchas gracias.

¿Qué le duele?

Me duele la garganta.

Este jarabe es muy bueno para la garganta.

Ah, gracias.

Túrnate con tu pareja para hacer unos diálogos. Usa los dibujos para ayudarte.

125

Pronunciación

RR

Lee y escucha estas frases:

Tengo un catarro.
La farmacia está cerrada.
La farmacia está entre Correos y la Torre.

La **rr** es una letra diferente en español. ¿Cómo se pronuncian estas palabras?

barra, marrón, pizarra, error, guitarra, Inglaterra, interrupción, perro, turrón

Es difícil, ¿verdad?

Chiste

No puedo ir al colegio hoy. Tengo fiebre, me duele la cabeza, me duelen los brazos, las piernas, tengo una picadura - me duele todo.

Pero Alfonso, ¡tienes que ir! ¡Eres el director!

Ahora sé ...

how to ask for items in a chemist's shop ●●●●●●●●●●●●●●●●●●●●●●●●●●●●●

¿Tiene aspirinas?	Have you any aspirins?
¿Tiene algo para la tos?	Have you anything for a cough?
¿Tiene algo para un dolor de cabeza?	Have you anything for a headache?

how to understand questions about health ●●●●●●●●●●●●●●●●●●●●●●●●●●

¿Qué te pasa?	What's the matter?
¿Qué te duele?	What's hurting?

how to say what's wrong with me ●●●●●●●●●●●●●●●●●●●●●●●●●●●●●●●

No me encuentro bien.	I don't feel well.
Tengo fiebre.	I have a temperature.
Tengo una insolación.	I have sunburn.
Me duele el estómago/la cabeza.	I've got stomach ache/headache.
Me duele la garganta.	I've got a sore throat.
Me duele el brazo.	My arm hurts.
Me duelen las piernas y los pies.	My legs and feet are hurting.

the names of some common complaints and injuries ●●●●●●●●●●●●●●●●●●

el catarro	cold
la tos	cough
la fiebre	a temperature
el dolor de cabeza	headache
una quemadura	burn
una picadura	sting
una insolación	sunburn

the names of some common remedies ●●●●●●●●●●●●●●●●●●●●●●●●●●●●

las pastillas	tablets
la crema	cream
las tiritas	plasters
el jarabe	cough mixture
una caja de aspirinas	a box of aspirins

UNIDAD 3 ¿Dónde está?

Did you spot the two words for *a* in Spanish in this *unidad*? Look at these sentences:

¿Hay **un** banco por aquí?
¿Hay **un** café por aquí?
¿Hay **un** parque por aquí?
¿Hay **una** cafetería por aquí?
¿Hay **una** farmacia por aquí?
¿Hay **una** discoteca por aquí?

Un and *una* are the two words for *a* in Spanish and you should try to learn which one is used with each new word you learn. As a start, find at least six words using *un* and another six using *una* in the *Introducción* and *unidades 1-3*. To see if you can remember whether to put *un* or *una* try asking if there is one of each of these places nearby.

Ejemplo:

1   ¿Hay un bar por aquí?

There are also two words in Spanish which mean *the*. Can you see what they are? Look at these sentences:

¿Dónde está **la** estación, por favor?
¿Dónde está **la** catedral, por favor?
¿Dónde está **la** oficina de turismo?
¿Dónde está **el** mercado?
¿Dónde está **el** Hotel Las Vegas?

Find at least six words using *el* and six using *la* which you have met so far in this book. Did any of these words come in the *un/una* lists? You've probably noticed that words that use *un* for *a* have *el* for *the*. Those that have *una* for *a* have *la* for *the*. Try asking where these places are, using *el* or *la*.

Ejemplo:

1   ¿Dónde está el teatro romano?

This chart may help you to remember:

A	THE
un	*el*
una	*la*

You've probably spotted *al* too:

¿Por dónde se va **al** teatro romano?
¿Por dónde se va **al** Ayuntamiento?
¿Por dónde se va **al** castillo?

| $a + el = al$ |

With words that take *la* you just put *a* in front:

¿Por dónde se va **a la** oficina de turismo?
¿Por dónde se va **a la** catedral?

To see if you remember this, make sure you can ask the way to these places which you are hoping to visit whilst you are in Malaga.

Ejemplo:

1   ¿Por dónde se va al castillo?

1 *el castillo*	6 *el Hotel Las Vegas*
2 *el teatro romano*	7 *la Cafetería Miramar*
3 *la catedral*	8 *la estación de autobuses*
4 *el puerto*	9 *la playa*
5 *el museo*	

Ask the way to these places. Your partner can just point to them on the plan on pages 22-23.

Have you spotted *del*?

Está cerca **del** teatro romano.

| $de + el = del$ |

Say where the people are, using these phrases:

cerca de   lejos de   al lado de   enfrente de

Ejemplo:
Está al lado del hotel.

127

¡Más!

Have you noticed how to talk about more than one thing in Spanish? Look at these examples where one place only is asked about.

¿Hay un restaurante por aquí?

¿Hay una discoteca en Torremolinos?

¿Hay un museo en York?

Now look at:

¿Tiene una lista de restaurante**s**?

¿Tiene una lista de discoteca**s**?

¿Hay tres museo**s** en Málaga?

As in English, an **-s** is added when we talk about more than one. Now look at these examples:

¿Hay un hotel por aquí?

¿El tren está en la estación?

El autobús está en la calle.

Now compare them with:

¿Tiene una lista de hotel**es**, por favor?

¿Tiene un horario de tren**es**, por favor?

¿Tiene un horario de autobus**es**, por favor?

Here **-es** has been added. If a word ends in a vowel (a, e, i, o, u), **-s** is added at the end, but **-es** is added if the word ends in any other letter. The form of a word which talks about more than one is called the **plural**.

¡Hay más!

A Spanish person has described his or her town to you, listing all the places of interest. Write a similar description of your town in Spanish. Mention all the places of interest and entertainment for which you know the Spanish, and say how many of them there are. Here is what the Spanish person wrote:

> *En mi ciudad hay un castillo, tres iglesias, dos restaurantes, dos hoteles, un parque, un cine, dos discotecas y una estación.*

Of course, if your town has a beach, a cathedral, a port or some other interesting place, don't forget to include it in your description. Have you noticed the word *los*? It is the plural of *el*. Spanish, like many other languages, has plural words for *the*.

el hotel	**los** hoteles
el banco	**los** bancos
el restaurante	**los** restaurantes
el tren	**los** trenes

The plural of *la* is easier:

la playa	**las** playas
la calle	**las** calles
la oficina	**las** oficinas
la catedral	**las** catedrales

Here is a simple reminder:

el	*los*
la	*las*

En la Costa del Sol

Here is an extract from a tourist brochure about the Costa del Sol.

COSTA DEL SOL

A 12 kilómetros de Málaga está Torremolinos con las excelentes playas de la Carihuela, Montemar y El Lido. Las salas de fiestas, los restaurantes, etc. de Torremolinos son famosos en todo el mundo. Y Marbella ¡ciudad antigua y moderna! Marbella de los grandes hoteles modernos y las antiguas casas blancas! En España hay muchos contrastes: las ruinas árabes y los espléndidos hoteles, las playas y los campos de golf, y también las montañas de la Sierra.

As in English, when you make a list of things, you put *the* before the items or places named. For example:

I like *the* discos and *the* beaches in Torremolinos.

Imagine that a Spanish person, who has not visited the Costa del Sol, asks you:

> *¿Qué hay de interés en Torremolinos y en Marbella?*

Can you list all the places worth visiting, using the extract you have just read?

Ejemplo:

En Torremolinos hay, por ejemplo, las playas y las salas de fiesta.

A Ser Detective

Recorriendo Málaga

How would you ask for these places?

Ejemplo:

1 ¿Dónde está el puerto, por favor?

Repasando el plural

Can you ask for these items at the tourist office?

Ejemplo:

1 ¿Tiene una lista de restaurantes?

1 a list of restaurants
2 a list of hotels
3 a list of discos
4 two maps of Malaga
5 a train timetable
6 a bus timetable

If you said or wrote *autobuses* for the last one you were quite right. Most words ending in **-s** add **-es** as usual when you talk of more than one, for example:

inter**és**   inter**eses**.

¿Qué día?

Look at the days of the week mentioned in these adverts. Can you spot the difference between each pair of adverts? You can see that *lunes* and others ending in **-s** do not change in the plural, but *domingo* and *sábado* add an **-s**. The **el** shows that one day is being talked about, and **los** that more than one day is being talked about.

1a

**Cerrado
el lunes
21 de abril**

1b

cerrado los lunes

2a

Hoy y viernes
2 días solamente
Los Vickis
en la discoteca
Bella

2b

Todos los viernes
Gran Fiesta
en la discoteca
Bella

3a

Café Bristol
**Semana Grande
(14-21 de agosto)**

Abierto el domingo

3b

Cerrado
los domingos

¿Cuándo se abre?

Various places in your town (shops, restaurants and places of interest) want to put up notices in Spanish to help tourists. Can you translate these signs into Spanish?

Ejemplo:

1 Cerrado los jueves por la tarde

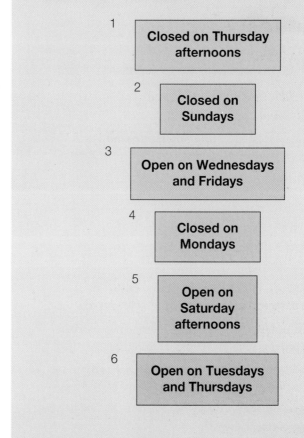

1 **Closed on Thursday afternoons**

2 **Closed on Sundays**

3 **Open on Wednesdays and Fridays**

4 **Closed on Mondays**

5 **Open on Saturday afternoons**

6 **Open on Tuesdays and Thursdays**

A Ser Detective

¡Oiga, camarero!

Buenos días, señora.
¿Qué quiere?

Quiero un café con leche
y un bocadillo de queso.

Y usted señor, ¿qué quiere?

Quiero un vaso de cerveza
y una ración de tortilla.

¿Nada más? ... Muy bien.

Can you now complete this conversation?

– *¡Oiga, camarero!*

– *Sí, señor, ¿qué ....?*

– *......................... una botella de vino*
  y un sandwich de jamón.

– *Y usted, señorita, ¿qué .... ?*

– *......................... una naranjada*
  y un perrito caliente.

– *¿Algo más?*

– *No, nada más gracias.*

How many different words did you use?
The answer should be two, very similar words.

¿Qué quiere?   What do you want?
Quiero una botella de vino.   I want a bottle of wine.

Quiere and *quiero* are parts of the same verb.
The different endings show who wants something.

Quiere means *you* want.
Quiero means *I* want.

¡A practicar!

Work in a group. One of you is the waiter or waitress.
The others are customers and must ask for what they
want from this list.

café con leche	130
té	120
limonada	140
bocadillos	300
tortilla	200
hamburguesa	240
tapas (una ración)	260

Ejemplo:

– *¡Oiga, señor(ita)!*

– *Buenos días, ¿qué quiere?*

– *Quiero un bocadillo, por favor.*

– *Muy bien. Y usted, señor(ita), ¿qué quiere?*

– *Quiero un café con leche, por favor.*

¡Y ahora a ti!

Still working in groups, make up a dialogue in an *estanco*.
One person will be the assistant, the others will be
customers. Use the café dialogue as a model.

una postal	30 ptas.
un sello para Inglaterra	45 ptas.
un sello para España	40 ptas.

¿Qué quieres?

María, ¿qué quieres?

Una Coca-Cola y una
ración de patatas fritas,
por favor.

Felipe, ¿quieres algo?

This was what the father said to his children on the
cassette for **Una ración de algo** in this *unidad*.
Did you spot the different endings here, compared with
the waiter's questions?

Ejemplo:

Señora, ¿qué quiere?

¿Qué quiere? means *What do you want?* when talking to
a stranger or an adult.
¿Qué quieres? means *What do you want?* when talking
to a young person or a friend.

A Ser Detective

En el bar

You are in a café near your home with some Spanish teenagers who are on an exchange, but speak very little English. You have written this list in Spanish of what is available. Go round and ask everyone what they want.

Ejemplo:

¿Qué quieres?

Quiero un sandwich de queso.

Go round until everything has been asked for. Write down who wants what.

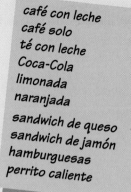

café con leche
café solo
té con leche
Coca-Cola
limonada
naranjada
sandwich de queso
sandwich de jamón
hamburguesas
perrito caliente

¿Verdad?

At the end, check the order by asking people like this:

Ejemplo:

Marisol, quieres una Coca-Cola, ¿verdad?

Eso es, una Coca-Cola

Y Juan, quieres una hamburguesa, ¿verdad?

No, quiero un perrito caliente.

Take turns at being the English speaker taking the orders.

Tus invitados

At the end of your stay with your penfriend's family in Spain, you offer to take them and some friends out for a meal, to thank them for their hospitality. You decide to order everyone's meals and drinks, and must ask each person what he or she wants.

Working in groups of eight, put the numbers 1 to 8 on slips of paper and give them out. Take turns to tell the host (number 1) which number you have. The host will then ask you what you want, using *¿Qué quieres?* or *¿Qué quiere?* as appropriate. Each guest must give a suitable answer.

Ejemplo:

Soy el ocho.

¿Qué quiere?

Quiero un café y una ración de tortilla.

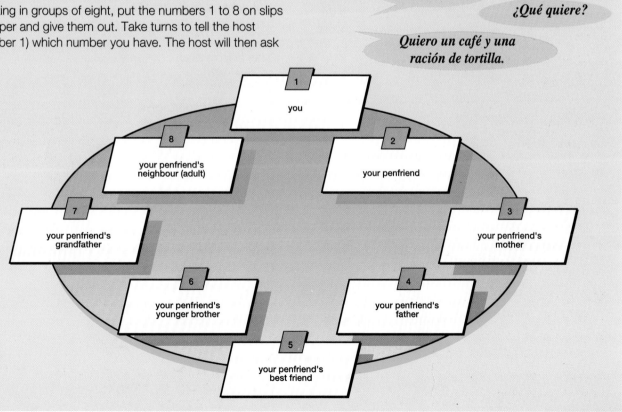

A Ser Detective

Los adjetivos

In this extract from one of her letters your Spanish penfriend is asking you to buy her several items to take over to Spain when you visit her.

> ¿Puedes comprar una muñeca típica, un jersey azul de Marks and Spencer, un bolso no muy caro, una caja grande de chocolates y el último disco de mi grupo favorito **ZAP**?

What has she asked for? To help you, she has described everything in some way:

Ejemplo:

una muñeca **típica**

not just *una muñeca*. Words added to help describe an item are called adjectives. There are other adjectives in this letter. Can you find them?

A buscar …

How many adjectives can you list from this *unidad*? (Don't forget to include colours.) Find a suitable adjective to put with each of these words. Then you will have a list of presents you could ask your penfriend to buy before she comes to stay with you. When you have finished, choose which item you would most like her to bring.

un cinturón	....
un bolso	....
un monedero	....
un jersey	....

You may have noticed that all the words in this exercise are masculine (they have *un* with them). The next extract from your penfriend's letter has a number of feminine words (with *una* or *la*). Look carefully at the adjectives which go with these words.

¿Qué hay de interés?

> Me preguntas ¿qué hay de interés en mi ciudad? Pues, Málaga es una ciudad muy histórica. Tiene el teatro romano, dos castillos árabes y una catedral importante. En la parte moderna hay hoteles y casas grandes. La playa es blanca y el mar es azul. El hotel está al lado de mi casa. Tiene una piscina grande.

1 What places of interest does she mention?
2 The feminine words and adjectives are underlined. What do you notice about most of the adjectives describing those words?

Many of them end in *-a.* An adjective which usually ends in *-o* changes and ends in *-a* with a feminine (*una* or *la*) word.

> **un** cinturón **barato**
> **una** muñeca **barata**

Other adjectives are the same with both masculine and feminine words.

> **un** monedero **gris**
> **una** chaqueta **gris**
>
> **un** abanico **grande**
> **una** guitarra **grande**

132

A Ser Detective

Una lista de regalos

You are in Spain with a friend whose Spanish is not very good. She wants you to help her with her shopping. Here is her list:

> a small fan
> a white T-shirt
> a red purse
> a small doll
> a large bag
> a green jacket
> a cheap guitar

Can you work out how to ask for these in a shop?

Ejemplo:

Quisiera comprar un abanico pequeño, por favor.

Now make up a similar list of six presents for your family and friends.
Write down in Spanish what you would ask for.

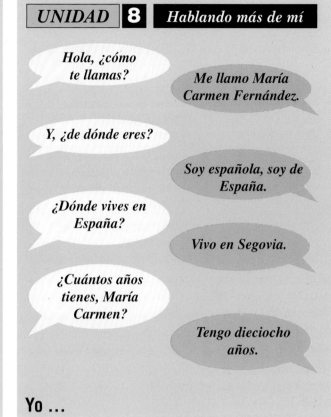

Hola, ¿cómo te llamas?

Me llamo María Carmen Fernández.

Y, ¿de dónde eres?

Soy española, soy de España.

¿Dónde vives en España?

Vivo en Segovia.

¿Cuántos años tienes, María Carmen?

Tengo dieciocho años.

Yo …

You'll see that, when you talk about yourself, the verb ends in **-o** (*soy* is only one of four exceptions). Take turns with a partner, asking and answering the questions above with details about yourself. Write down your answers when you are sure they are correct.

¿Y tú …?

When you talk to someone else, the verb ends either in **-as** or **-es**:

Ejemplo:

-**as**   ¿Cómo te llam**as**?
-**es**   ¿Dónde viv**es**?
-**es**   ¿Cuántos años tien**es**?

See if you can remember the verb in the questions which would give these answers:

¿Dónde …… ?   Vivo en España.
¿Cuántos años …… ?   Tengo veinte años.
¿Cómo …… ?   Me llamo Francisco.
Qué …… beber?   Quiero una Coca-Cola, por favor.

You have met all these verbs already. You find out whether to use **-es** or **-as** by learning the part of the verb called the infinitive (in English this is the part with *to* …).

¿Cómo se termina?

Once you know the infinitive you can work out how other parts of the verb will end. This table gives some examples.

¡Quiero comprar algo! Compro una muñeca. ¿Qué compras tú?	I want to buy something. I'm buying a doll. What are you buying
¿Qué vas a beber? Bebo una naranjada. Y tú, ¿qué bebes?	What are you going to drink? I'm drinking orangeade. And you, what are you drinking?
¿Dónde quieres vivir? Vivo en York. Tú vives en Leeds, ¿verdad?	Where do you want live? I live in York. You live in Leeds, don't you?

The *I* part ends in **-o** for all types of verbs.
The *you* part ends in **-as** for **ar** verbs and **-es** for **-er** and **-ir** verbs.

Quiero saber

You are going to have a Spanish student from your exchange school to stay with you. You have only been given a name. Your teacher is going to send letters back to the school. You want to find out the following facts about your partner:

age	¿Cuántos años ...... ?
where he or she lives	¿Dónde ....?
what he or she eats	¿Qué ....?
what he or she drinks	¿Qué ....?

Ser, tener y otros

Some verbs have to be learnt on their own because they do not follow the usual pattern. *Ser* (to be) is very unusual. *Tener* and *querer* have the endings you expect but sometimes have extra letters in the middle. You will meet other verbs like this, for example, *preferir*. This letter from a young Spanish person contains examples of these three verbs.

Oviedo, 12 de abril

Querida amiga:
¡Hola! Me llamo Inmaculada. Soy tu nueva corresponsal. Soy española; soy de Oviedo en el norte de España. Tengo catorce años. Quiero practicar el inglés porque quiero ser profesora de inglés. Y, ¿cuántos años tienes tú? ¿Eres inglesa, escocesa o qué? ¿Qué quieres ser? ¿profesora?, ¿secretaria?, ¿ingeniera? o ¿qué?
Escríbeme pronto

Un abrazo

Inmaculada

Copy this chart in your book by finding the right part of each verb in Inmaculada's letter.

Quiero **ser** profesora. (Yo) ...... española. (Tú) ...... inteligente.	I want **to be** a teacher.
Hay que **tener** paciencia. (Yo) ...... catorce años. ¿Cuántos años ...... ?	You have **to have** patience.
¡Querer es poder! (Yo) ...... ser profesora. Tú, ¿qué ...... ser?	**To want** to is to be able. (Where there is a will there is a way.)

Write down the questions you would put in your letter. Work out how to ask :
• when he or she leaves home in the morning
• when he or she arrives at school
• what he or she does in the evenings.
Use the verbs:

salir	to leave
llegar	to arrive
hacer	to do

A Ser Detective

Una carta

Write out this letter, filling in the gaps with parts of *ser*, *tener* or *querer* and putting in your own details in place of the words shaded pink. You will then have a good first letter to send to a Spanish penfriend.

> Querido amiga
> ¡Hola! Me llamo Tracey,
> .... inglesa y ...... de
> Northampton. .... trece
> años. ¿ Cuántos años ....
> tú? .... ser artista. Tú,
> ¿qué quieres ser?
> Escríbeme pronto.
> Un abrazo.
> Tracey

Hablando de otros

> Mi hermano <u>se llama</u> Juan. <u>Tiene</u> veinte años. <u>Vive</u> en Madrid donde <u>trabaja</u> como mecánico y <u>estudia</u> por las tardes. Más tarde <u>quiere</u> ser ingeniero.

The words underlined here are the *he* and *she* parts of verbs. Compare them with these questions and see if you can see any pattern between the two parts of the verb.

¿Cómo te llamas?

¿Cuántos años tienes?

¿Dónde vives?

¿En qué trabajas?

¿Estudias el inglés en el instituto?

¿Qué quieres ser al terminar tus estudios?

You will realise that the *he* or *she* part of a verb in Spanish is the *you* part with the **s** missing. (In English you add **-s** for the he or she part.)

Mi amigo o mi amiga

Ask a friend the six questions above. Note down his or her answers. Then write a description of him or her that you could send to a Spanish penfriend. It will begin something like this:

Mi amiga se llama Wendy. Tiene catorce años y vive en Glasgow. No trabaja.

Más

You need more information about your friend's family. Think of as many questions as possible to ask about his or her mother, father, brothers, sisters and pets.

Ejemplos:

¿Tienes un animal en casa?

¿Cómo se llama?

¿Cuántos años tiene?

¿Trabaja tu madre?

En qué trabaja?

¿En qué quiere trabajar tu hermano?

How many other questions can you think of? Write down your friend's replies so that they can be added to your previous paragraph. Underline all the *he* or *she* parts of the verbs. Show what you have written to your friend. If your friend agrees that it is correct, put the description into your *fichero personal* to send to a Spanish friend later.

Ser es diferente

Ser is the only verb which does not form the *he* or *she* part by taking the **s** off the *you* part.

> Juan **es** de Madrid. Y tú, ¿de dónde **eres**?
>
> Yo soy Maribel. ésta **es** mi hermana Pili.
>
> Y tú, ¿quién **eres**?

Amigos y mayores

The *he* or *she* part of the verb is doubly useful. It is used as the polite way of saying *you* do something. Remember, a waiter asks a customer:

¿Qué quiere beber?

The customer asks the waiter:

¿Tiene naranjada?

But you would ask a friend:

¿Qué quieres beber?

Or, if offered a drink at a friend's house, you would ask:

¿Tienes naranjada?

Encuentro en un café

You see a Spanish-speaking family in a café in your home town. You want to practise your Spanish and make friends with them. Think up some questions to ask the boy or girl of your age and then work out the polite versions of the same questions to ask the father or mother.

Try to find out:

> his or her name
> where he or she lives
> his or her nationality
> his or her job or what he or she does

Ejemplo: *¿Cómo se llama usted?*

Usted is the polite word for *you* and makes it clear that you are not using the *he* or *she* part of the verb. You may also see it written in its shortened form, **Vd**.

Las hermanas

Here is an extract from a letter from another Spanish teenager:

The words underlined here are the *they* parts of the verb, that is the part of a verb used to talk about two or more people.

> Tengo tres hermanas mayores, se llaman Maritere, Margarita y Lourdes, y tienen 22, 20 y 18 años respectivamente. Todas trabajan. Maritere es secretaria. Margarita trabaja como recepcionista en un hotel, y Lourdes es empleada de banco.

> Los españoles habl**an** español
> Mis amigos viv**en** en Madrid.
> Los ingleses tien**en** muchos animales en casa.

Can you work out how the *they* part is formed?
It is formed by adding **-n** to the *he* or *she* part.
Again, only *ser* is different:

> Mis amigos **son** de Barcelona.

A Ser Detective

Todos juntos

It's often easier to talk about people all together rather than individually. For example, this Spanish person repeats himself a lot by talking about each person and pet separately.

Tengo dos hermanos. Uno se llama Manuel. Tiene trece años, vive en casa con toda la familia y estudia en el instituto. Mi otro hermano se llama Eugenio. Tiene diecisiete años, también vive en casa y estudia en el instituto. Tengo dos animales en casa. El perro se llama Gran y el gato se llama Fifi. Mi padre es de Madrid también. Mi padre trabaja en una tienda y mi madre trabaja en una oficina.

Can you shorten what he has written by using the *they* part of the verbs to talk about more than one person at once?

Ejemplo:

Tengo dos hermanos, **se llaman** Manuel y Eugenio.
Tienen 13 y 16 años, **viven** en casa con la familia ...

Ahora sabes ...

Now you know how to talk about most people. This chart has the parts of each verb you have actually met. Copy it into your book and fill in the blanks from what you already know. You can then have a good chart for reference and revision.

	tener	*querer*	*trabajar*	*vivir*	*ser*
I	tengo	quiero		vivo	soy
you	tienes	quieres	trabajas	vives	eres
he, she it or you	tiene		trabaja		
they or you (polite)	tienen		trabajan		son

Los adjetivos

Mi hermano quiere ser dependiente.
Mi madre trabaja en un banco.
¿Trabaja **tu** hermano?

These words meaning my and your are adjectives, and they do not change with feminine words. Remember: adjectives that end in **-o** change to **-a** with feminine (*la* or *una*) words, but that other adjectives do not.

Mi hermano tiene dos chaquetas, **una chaqueta negra** y **una chaqueta gris**.

This rule is the same for **mi** and **tu** (and **su** which means *his* or *her*).

Fill in the gaps with either **mi** or **tu**.
Will you need to change them at all?

Mi hermana tiene 21 años y se llama Asunción.
...... padre es empleado de banco y ...... madre es dentista. ¿Cómo se llama ...... hermano? ¿ Trabaja ...... hermana? ¿Cuántos años tiene ...... hermana?

UNIDAD 10 ¿Cómo es?

Una descripción personal

> Soy alto y moreno y bastante delgado. Tengo el pelo corto y los ojos azules. Creo que soy inteligente. Mi hermana es rubia como una inglesa; es alta, guapa y muy inteligente.

In this extract from a letter from a young Spanish boy:

1 Find all the adjectives referring to masculine singular words.
2 Find all the adjectives referring to feminine singular words.
3 Which is the adjective which refers to *ojos*? What has happened to it?

Adjectives become plural when describing a plural noun. The plural is formed in the same way as for nouns.

> *Unas descripciones de los ingleses y los españoles.*
> *Los ingleses en general son bastante altos, delgados y rubios.*
> *Normalmente los españoles son más bajos y son morenos.*
> *Las españolas típicas son guapas y morenas pero más bajas que las inglesas.*
> *Las inglesas son más altas y normalmente son rubias.*

Adjectives that end in a vowel add **-s** to the masculine or feminine singular to form the plural. Try with this exercise. The first one has been done for you.

un hombre bajo y guapo	dos hombres *bajos y guapos*
un chico alto y moreno	dos chicos ......
un chico bajo y rubio	dos chicos ......
un hombre guapo y delgado	dos hombres ......
un hombre gordo y bajo	cuatro hombres ......
una chica alta y rubia	dos chicas ......
una chica baja y morena	tres chicas ......
una chica gorda y guapa	dos chicas ......

Más descripciones

> Mi padre tiene los ojos verdes y mi madre los ojos grises. Yo, sin embargo, tengo ojos marrones. Todos somos diferentes.

What do you notice about the adjectives describing people's eyes? Here are the adjectives in the singular: *verde, marrón* and *gris*?

1 Adjectives ending in **e** add an **s** in the plural.

grande	*grandes*
importante	*importantes*
verde	*verdes*

2 Adjectives ending in a consonant add **-es** in the plural

azul	*azules*
español	*españoles*
gris	*grises*

3 Adjectives ending in a consonant which have an accent lose the accent in the plural form.

inglés	*ingleses*
francés	*franceses*
marrón	*marrones*

In fact, the adjectives form their plurals in the same way as nouns:

hombre	*hombres*
corresponsal	*corresponsales*
cinturón	*cinturones*

Work out the plural of these phrases:
un cinturón gris
un bolso marrón
un abrigo azul
una chaqueta verde
un español inteligente
una inglesa interesante

Note: The plurals of these nouns which do not end in **-o** or **-a** in the singular do not change in the plural as the **-o** and **-a** adjective s do.

> *Los ojos azules y las chaquetas azules.*
> *Los bolsos grandes y las muñecas grandes.*

Tu clase

A school in Spain did a survey of 30 students (15 boys and 15 girls) in a class. Here is the graph they made. This means, for example:

Cinco chicos son altos
Dos chicos tienen los ojos azules
Tres chicas son rubias.

Do a similar graph for your class to compare with the class in Spain.
Then explain your graph by writing a report of what it shows.

Ejemplo:

En mi clase, diez chicos son altos.

OR Hay diez chicos altos en mi clase.

Write a sentence for every column of the graph.

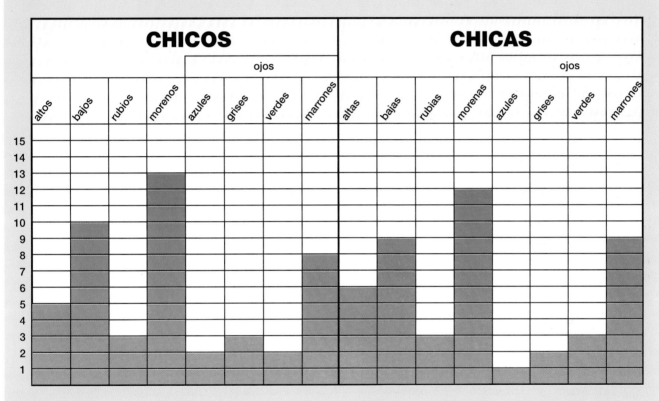

Ser y estar

In Spanish there are two verbs which mean to be.
Estar is used mostly to ask or say where something is.

Ejemplo:

¿Dónde está Correos?

Está en la plaza.

Ser is the other verb which you have met a great deal in the last few *unidades*.

*Yo **soy** Marisa Flores.*
*¿De dónde **eres**?*
*Juan **es** alto y moreno.*

Answer these questions.
You will use parts of *ser* in your answers.

¿Quién eres?
¿De dónde eres?
¿Eres moreno(a) o rubio(a)?
Los españoles, ¿son morenos o rubios en general?
Las inglesas, ¿son altas o bajas normalmente?

Ser is used to say what a person or thing is or is like.

A Ser Detective

¡Un corresponsal muy ocupado!

Barcelona, 11 de mayo

Querido amigo:

Me preguntas en tu carta qué hago en mis ratos libres.
Pues, practico muchos deportes. Juego al tenis en
verano y al baloncesto en invierno. También hago
ciclismo y, a veces, voy de pesca. En invierno escucho
mis discos porque me gusta mucho la música. Me gustan
los discos de grupos ingleses. También toco un poco la
guitarra y leo mucho. No voy a las discotecas. Tú, ¿qué
haces? Practicas algún deporte? ¿Juegas al tenis
también? ¿Tocas algún instrumento o escuchas mucha
música? ¿Qué haces los fines de semana? ¿Vas al cine,
lees, o qué?

Escríbeme pronto con tus noticias.
Un abrazo de

Antonio

¡A buscar!

Draw up a chart like this one in your exercise book

1 *infinitivo*	2 *yo*	3 *tú*
practicar	*practico*	*practicas*

1   Fill in columns 2 and 3 by 'pairing off' all the *I* (*yo*) and
the *you* (*tú*) parts of the verb used in Antonio's letter.

2   Fill in the first column by looking back through the
unit to find the infinitives of the verbs used in the
letter.
Ir, hacer and *jugar* are unusual.
The others follow the pattern you would expect once
you know the infinitive.

Entrevistando a la clase

You have been asked to find suitable penfriends for a
number of young Spanish people. Interview as many of
your classmates as possible to decide who will be the
best match for each one. Find out six pieces of
information about each person. Use the verbs below as
well as those in the charts you have made. Some are new
but you will be able to work out their endings by now.

Ejemplo:

¿Estudias mucho en el colegio?

Sí, estudio mucho.

¿Estudias mucho en casa?

No, no estudio mucho.

mirar	to watch
bailar	to dance
cantar	to sing
nadar	to swim
montar a caballo	to ride
ver	to see
correr	to run
aprender	to learn
escribir	to write
estudiar	to study

A Ser Detective

Más preguntas

1 See if you and other members of the class can answer these questions.

¿Qué haces los sábados?
¿Haces ciclismo?
¿Haces gimnasia?

(yo)	**hago**
(tú)	**haces**
(él/ella/usted)	**hace**

Hago is the only unusual part of hacer. Otherwise it is a normal *-er* verb. Fill in these gaps with parts of *hacer*:

El rey de España ...... muchos deportes y la reina también. Los dos ...... esquí. El Príncipe Felipe ...... mucha gimnasia. Las princesas ...... muchos

2 ¿Quieres jugar al tenis?
¿Juegas al fútbol?
¿A qué deporte juega Seve Ballesteros?

The endings of *jugar* are those of all *-ar* verbs but in some parts it has **ue** instead of just *u* in the middle. *Querer* is similar with **ie** instead of just *e* in places.

Ejemplo:

¿Qué quieres tomar?
Quiero una Coca Cola.

(yo)	quiero
(tú)	quieres
(él/ella/Vd.)	quiere

Fill in these gaps with parts of *jugar* (all will have **ue** in the middle):

Yo .... al tenis en el verano pero mi hermano .... al cricket. Los españoles, ¿ .... mucho al cricket? Yo no .... al baloncesto. En Inglaterra el baloncesto no se juega mucho, pero los españoles .... mucho, ¿verdad?

This passage can serve as a model for something you could write to your penfriend yourself.

3 ¿Adónde vas los fines de semana?
¿Vas al cine o a las discotecas los sábados?
¿Adónde quieres ir este verano?

Did you realise that *ir* was the infinitive for *voy* and *vas*? *Ir* is an irregular verb, but you can work out the endings by thinking of it as **v + -ar** endings. *Voy* (and *vais* which has no accent) are the exceptions.
Try to fill in these gaps with parts of *ir*:

Mi hermana .... a Benidorm todos los años. Muchos ingleses .... a España durante el verano .... a la Costa Brava, a la Costa del Sol o a Mallorca. Yo .... a la Costa Brava con mis padres. Mi padre .... allí porque le gusta el sol.

¡A escoger una pareja!

This is what your penfriend wrote about one of her friends. Write something similar about two or three of your classmates, so that her friends can choose whom to write to.

> Lourdes practica muchos deportes. Juega al badminton y al voleibol, hace gimnasia y atletismo y en invierno practica el esquí. También toca la batería en un grupo femenino. Cuando no hace otra cosa, ve la televisión, lee o escucha sus discos en casa.

¿Eres buen detective?

1 *¿Qué quieres beber?*

Quiero una Coca-Cola. Me gusta la Coca-Cola.

2
¿Cuál prefieres ,ir al cine o a la discoteca?

Quiero ir al cine. Me gusta mucho el cine.

3
¿Prefieres practicar deportes o escuchar música en casa?

Prefiero escuchar mis discos en casa. Me gustan los deportes pero me gustan más los discos de música pop.

Find the Spanish for *I want*, *I prefer* and *I like* in the three dialogues above. What do you notice about the way to say *I like*?
For *I like Coca-Cola* you say:
Me gusta la Coca-Cola.
For *I like records*, you say:
Me gustan los discos.

Use **gusta** if you like one thing.

Ejemplo: *Me gusta la música.*

Use **gustan** if you like two or more things

Ejemplo: *Me gustan los deportes.*

Now complete the sentences over the page.

A Ser Detective

1 Quiero una chaqueta. Me ..... esta chaqueta marrón.
2 Quiero un helado. Me ..... el helado de chocolate.
3 Prefiero el hockey pero también me ..... el baloncesto.
4 Practico la natación pero me ..... más la gimnasia.
5 Prefiero escuchar discos porque me ..... la música.
6 Quiero ir a España porque me ..... las playas de la Costa del Sol.
7 Prefiero leer o ver la televisión; no me ..... los deportes.
8 Leo y veo la televisión porque me ..... los pasatiempos.
9 Quiero una caja grande de chocolates. Me ..... los chocolates.
10 Escucho muchos discos porque me ..... los grupos de música moderna.

¿Te gusta?

In Spanish, when you ask, *Do you like* you use **¿Te gusta?** for one thing and **¿Te gustan?** for more than one thing.

¿Te gusta la música pop?	Do you like pop music? (one thing)
¿Te gustan estos discos?	Do you like these records? (more than one thing)

Take turns with a partner to ask if he or she likes these things.

Ejemplo:

1 ¿Te gusta la limonada?
6 ¿Te gustan los deportes?

1	la limonada
2	el fútbol
3	la música moderna
4	el atletismo
5	el café
6	los deportes
7	los helados
8	las discotecas
9	los discos
10	las hamburguesas

What would your answers to these questions be? Write them down so you can compare them with your partner's likes and dislikes. If you do not like something, just begin with *No.*

Ejemplos:

1 No me gusta la limonada.
6 No me gustan los deportes.

¿Qué te gusta hacer?

Me gusta escuchar casetes en mi Walkman.
Me gusta escuchar la radio en casa.

You have already looked at the difference between *gusta* and *gustan*. *Gustan* is used when you like more than one thing. How then do you explain the two sentences above? You could be forgiven for making the first sentence *gustan* agree with *casetes*. Well, the thing you like is **the listening** in both cases, so it doesn't matter whether what follows is singular or plural.
Me gusta + infinitive (*hablar, correr, vivir*) allows you to say what you like **doing**.

Choose any five of the following and make a sentence with them.

Ejemplo: Me gusta nadar en la piscina.

nadar en la piscina.
jugar al tenis.
ir a España.
comer en restaurantes italianos.
esquiar.
salir con mis amigos.
estudiar.
bailar en discotecas.
hacer atletismo.
ir de compras.

Una carta tuya

Here is part of a letter very similar to one you might send to a Spanish friend to explain your likes and dislikes. Write out the correct parts of *gustar* in the spaces.

Yo también practico muchos deportes. Me ...... el tenis y el hockey también. Me ...... hacer ciclismo pero no me ...... los deportes acuáticos porque no practico la natación y no sé nadar. Cuando estoy en casa por las tardes me ...... leer libros y ver la televisión. Me ...... mucho la música, toco el piano y me ...... los discos de los grupos 'pop'. Y tú, ¿qué haces en tus ratos libres? ¿Te ...... el tenis o el hockey? Si no, ¿te ...... otros deportes? Yo, los sábados, voy a bailar en una discoteca. ¿Te ...... las discotecas? ¿Hay discotecas en tu ciudad? Hasta pronto
Besos
Debbie

A Ser Detective

UNIDAD 13 En el restaurante

1

Buenos días, señora. ¿Qué desea?

Me da la sopa, por favor.

2

Muy bien ... la sopa.

¡Oiga, camarero!

Sí, señor.

¿Me trae la cuenta, por favor?

En seguida, señor.

You already know the word **me** from other units.
Complete these sentences:
They all need **me**.

1 ¿Te gusta el rugby?
  No, pero ...... el fútbol.
2 ¿Cómo te llamas?
  ...... lamo Tracey.
3 ¿Te gustan los deportes?
  Sí, ... gustan mucho los deportes.

¡Mira bien!

Look carefully at the words after **me** in these sentences.

¿Me **pone** cien gramos de queso, por favor?
Me **llamo** Juan y vivo en Avila.
¿Me **trae** la carta, por favor?
Me **gusta** el pollo.
No me **gustan** las gambas.

They are all verbs. **Me** usually comes before the verb in Spanish. Where does it come in English? Make up five sentences in English using me. For example:

My granny always gives me £10 for Christmas.

Me comes after the verb in English, but before the verb normally in Spanish.
Answer these questions using **me** in your answers.

¿Cómo te llamas?
¿Te gusta el fútbol?
¿Te gustan las hamburguesas?
¿Qué quiere de postre?
¿Cuántas manzanas quiere usted?

En la cafetería

Complete this conversation adding **me** and suitable verbs.

– **Vamos a tomar algo en esta cafetería.**

– *Ésta es tu amiga, ¿verdad?*

– **Sí.**

– *Hola. ¿Cómo te llamas?*

– *...... Elena.*

– **Bueno, Elena. ¿Qué vas a tomar?
  ¿Te gusta la Coca-Cola?**

– *No, pero ...... la limonada.
  ...... un vaso de limonada, por favor.*

– **¿Y para ti, Carmen?**

– *Pues, ¿tienen bocadillos de tortilla?
  ...... mucho los bocadillos de tortilla.
  Un bocadillo y un café.*

– **Muy bien. ¡Señorita, por favor!**

– *Sí, dígame.*

– *...... una limonada, un café,
  un bocadillo de tortilla y para mí una cerveza.*

¿Te fijas en la regla?

Me goes immediately before the verb in Spanish, although it comes after the verb in English. The same rule applies to **te** (you or yourself). **Te** goes before the verb. Its English equivalent, *yourself* and *you*, go afterwards.

For example:
I see you.
You wash yourself every morning.

Fill in these gaps:

¿Cómo .... llamas?
¿ .... gusta la paella?
¿ .... gustan los mariscos?
¿ .... fijas en esta regla?

Se usa mucho

Me and **te** are called pronouns. **Se** is also a pronoun. It too goes immediately before the verb in Spanish.

El rey se llama Juan Carlos.
Mis hermanas se llaman Carmen y Remedios.
Se habla español.
¿Cómo se llama la reina de España?
¿Se habla inglés en Francia?
¿Qué se vende en el mercado?

Por si acaso

There are pronouns in English which come before the verb. They are needed to show **who** is doing something. For example:

I work as a secretary.
You work as a mechanic.

The different verb endings give this information in Spanish.

Trabaj**o** como secretaria.
Trabaj**as** como mecánico.
Viv**o** en Liverpool.
Viv**en** en Londres.

The Spanish words for *I, you, he, they,* etc. are only used, therefore, for stress or to make clear who is being talked about.

Ejemplos:

Yo hablo francés y español; **él** habla español solamente.
Él vive en Liverpool pero **ella** vive en Manchester.
Y **tú**, ¿qué quieres beber?
¿Yo? Yo no quiero nada, gracias.

Here is a list of these pronouns in Spanish, in case you need them.

Yo	*vivo en Londres.*
Tú	*vives en Liverpool.*
Vd.	*vive en Sheffield.*
Él	*vive en York.*
Ella	*vive en Manchester.*
Nosotros(as)	*vivimos en Escocia.*
Vosotros(as)	*vivís en Irlanda.*
Vds.	*viven en Gales.*
Ellos	*viven en los Estados Unidos.*
Ellas	*viven en Australia.*

Use the following verbs to make up sentences in which you feel you would need to use the pronouns *yo, tú,* etc.

comer
beber
querer
vivir
hablar
preferir

Ejemplo:

Yo prefiero la fruta al helado,
pero tú prefieres el helado, ¿verdad?

Me duele ...

Can you see any similarity between these two pairs of sentences?

1   Me duele la cabeza.
    Me duelen las muelas.
2   Me gusta el pescado.
    Me gustan las chuletas de cerdo.

The two verbs are used in the same way in Spanish.
With **duele** and **duelen** the Spanish means:
The head hurts me.
The teeth hurt me.

With **gusta** and **gustan** the Spanish means:
The fish pleases me.
The pork chops please me.

¡A practicar!
Complete these sentences with *duele* or *duelen*:

1   Me .... el estómago.
2   Me .... los pies.
3   Me .... la garganta.
4   Me .... los ojos.
5   Me .... la cabeza.
6   Me .... la mano.
7   Me .... las piernas.

¿Y tú?

To ask a friend what he or she likes or dislikes you say:

¿Te gusta el esquí?
¿Te gustan los deportes?

Can you work out then what to say if you want to know what is wrong with him or her?

A Ser Detective

¿Qué te duele?

Work out dialogues from the pictures below in the same way as the example.

Ejemplo:

¿Te duele la cabeza?

No, me duele la garganta.

Try the dialogues with a partner.
Do you both agree that what the other said was correct?

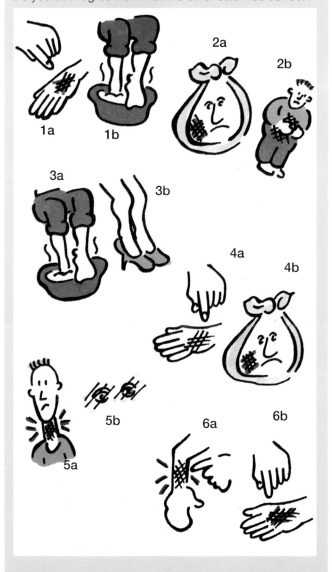

Más sobre verbos

Duele y *duelen* are parts of the verb *doler*. As you can see, some parts of this verb change in the middle to *ue*. You have already met some other verbs that do this.

> ¿Cuánto c**ue**stan las manzanas?
> ¿J**ue**gas al voleibol en el colegio?
> ¿P**ue**des repetir?

Complete these sentences with parts of *poder*, *costar*, *jugar* or *doler*.

1 ¿Qué deportes te gustan?
   Bueno, ... al tenis y al baloncesto.
2 ¿Cuánto .... la merluza?
   Mil quinientas pesetas el kilo, señora.
3 ¿ .... al badminton, Felipe?
   No pero mi hermana .... mucho al squash.
4 ¿Por qué compras aspirinas?
   Porque me .... la cabeza.
5 La fruta es cara en Inglaterra.
   Las manzanas .... más de una libra el kilo.
6 ¿Por qué no quieres comer con nosotros?
   ¿ Te .... las muelas?

Jugar

All the other verbs which change to *ue* have *o* in the infinitive. *Jugar* is the only verb which has *u* in the infinitive but then changes to *ue*.

¡Son fáciles!

These verbs that change in the middle have the usual endings.

jugar is like
hablar:

yo	hablo
tú	hablas
él/ella/Vd.	habla
ellos/ellas/Vds.	hablan

poder is like
comer:

yo	como
tú	comes
él/ella/Vd.	come
ellos/ellas/Vds.	comer

Now copy this table into your exercise book and try to fill in the other parts correctly.

	poder	*jugar*
yo		*juego*
tú		*juegas*
él/ella/Vd.	*puede*	
ellos/ellas/Vds.		

Note: *costar* and *doler* only use two parts. Here is one from each verb. What is the other from each verb?

1 ¿Cuánto cuesta el vino? ¿Cuánto .... los plátanos?
2 Me duele la garganta. Me .... las piernas.

Una carta de tu corresponsal

You will meet all these verbs often. They are needed in this letter. Write out the whole letter and fill in the gaps with the correct part of a verb that changes to **ue**.

Barcelona
6 de febrero

Querida amiga:
Gracias por tu carta y tu invitación.
Tengo clases hasta finales de junio.
pero (1) visitar Inglaterra en julio o agosto. Voy a coger el avión hasta Londres y luego el tren hasta tu ciudad. ¿Cuánto (2) el billete de Londres a tu casa? Me gusta mucho la idea de estar en Inglaterra. Como sabes, yo (3) al tenis. Normalmente (4) al tenis o al badminton todos los días, pero, de momento no (5) jugar porque me (6) los pies. Tengo que estudiar para los exámenes ahora.
Hasta pronto,
Un abrazo
Cristina

Unas preguntas más

Here are some questions which a Spanish person whom you are planning to visit might ask you. What would you answer? Both questions and answers use parts of *querer* and *preferir*.

	querer	*preferir*
yo	*quiero*	*prefiero*
tú	*quieres*	*prefieres*
él	*quiere*	*prefiere*
ellos	*quieren*	*prefieren*

1 ¿Quieres visitar Madrid durante tu visita?
2 ¿Prefieres ir a la costa o a visitar monumentos históricos?
3 ¿Qué deportes quieres practicar aquí en España?
4 ¿Qué tipo de comida prefieres, la comida española o la comida inglesa?
5 ¿Prefieres ir en tren o en coche si vamos a Madrid?

These verbs are very like *doler,* etc. These change **e** to **ie** in places where the others change **o** or **u** to **ue**.
Draw up a table of the parts of *querer* and *preferir* that you know.
Next to it write out *poder* and *jugar*.
Ask your teacher to check it. If it is all correct it will be useful for revision.

GRAMMAR SUMMARY

Nouns and articles

All nouns in Spanish are either masculine or feminine.

Most nouns which end in **-o** are masculine, and most which end in **-a** are feminine. You put **un** for *a* and **el** for *the* before a masculine noun. You put **una** for *a* and **la** for *the* before a feminine noun.

un *museo*	a museum
una *cafetería*	a cafeteria
el *museo*	the museum
la *cafetería*	the cafeteria

Nouns are made plural by adding:

-s to those which end in a vowel in the singular;

*museo***s**	museums
*cafetería***s**	cafeterias

-es to those which end in a consonant in the singular.

*hotel***es**	hotels
*color***es**	colours

Articles become plural when the noun is plural.

los *museos*	the museums
las *habitaciones*	the rooms

Plurals of **un** and **una** are sometimes used with a plural noun to mean *some*.

unos *hoteles*	some hotels
unas *cafeterías*	some cafeterias

NOTES ABOUT PLURAL NOUNS

Nouns ending in a consonant, which have a written accent in the singular, lose the accent in the plural.

*la habitaci***ó***n*	*las habitaci***ones**
*el autob***ú***s*	*los autob***uses**

Nouns which end in **-s** in the singular ...

... Add **-es** to form the plural, if the end of the singular word is stressed.

*el autob***ú***s*	*los autob***uses**
*un ingl***é***s*	*unos ingl***eses**

This happens when the singular has a written accent at the end, for example *autobús*, or the word has only one syllable, for example *mes* (month).

... Do not add **-s** to form the plural when the end of the singular word is not stressed.

*el mart***es**	Tuesday
*los mart***es**	Tuesdays

Nouns and articles: summary

singular		plural	
masculine	**feminine**	**masculine**	**feminine**
un *museo*	**una** *cafetería*	**unos** *museos*	**unas** *cafeterías*
un *hotel*	**una** *habitación*	**unos** *hoteles*	**unas** *habitaciones*
el *museo*	**la** *cafetería*	**los** *museos*	**las** *cafeterías*
el *hotel*	**la** *habitación*	**los** *hoteles*	**las** *habitaciones*

Adjectives

Adjectives agree with the noun in Spanish.

Some change their ending according to whether they are with a masculine or feminine noun.

All have both singular and plural forms.

They are normally placed after the noun.

SINGULAR ADJECTIVES

Adjectives ending in **-o** change the ending to **-a** with a feminine noun.

un bolso negr**o**	a black bag
un hotel pequeñ**o**	a small hotel
una chaqueta negr**a**	a black jacket
una playa pequeñ**a**	a small beach

Adjectives not ending with the letter **-o** do not have a special feminine form. The masculine and feminine forms are the same.

un abanico verd**e**	a green fan
una camiseta verd**e**	a green tee-shirt
un bolso azu**l**	a blue bag
una chaqueta azu**l**	a blue jacket

There is one exception to the point above. Adjectives of nationality which end in a consonant in the masculine (for example *inglés*, *español*) add an extra **-a** to form the feminine, and lose their accent if they have one.

un chico españo**l**	a Spanish boy
una chica español**a**	a Spanish girl
un hombre inglé**s**	an English man
una señora ingle**sa**	an English woman

Adjectives of nationality which end in **-o** change the **-o** to **-a**, as usual, to form the feminine.

un niño american**o**	an American boy
una niña american**a**	an American girl

PLURAL ADJECTIVES

All adjectives become plural if they are with a plural noun. Adjectives follow the same rules as nouns.

Adjectives ending in a vowel add **-s** to the correct singular form.

el hotel pequeñ**o**	**los** hoteles pequeño**s**
la blusa blanc**a**	**las** blusas blanca**s**
el bolso verd**e**	**los** bolsos verde**s**
la ciudad grand**e**	**las** ciudades grande**s**

Adjectives ending in a consonant add **-es** to the singular form (which is the same for masculine and feminine).

un monedero gri**s**	**unos** monederos gris**es**
una chaqueta marró**n**	**unas** chaquetas marron**es**
el cinturón azu**l**	**los** cinturones azul**es**

ADJECTIVES OF NATIONALITY

These adjectives follow the normal rules to form their plurals:

un chico mejican**o**	**unos** chicos mejicano**s**
una señora american**a**	**unas** señoras americana**s**
una chica ingle**sa**	**unas** chicas ingle**sas**
un recuerdo español	**unos** recuerdos español**es**
un chico inglé**s**	**unos** chicos ingle**ses**
un hombre francé**s**	**unos** hombres france**ses**

NOTES ABOUT ADJECTIVES

The possessive adjectives **mi**, **tu** and **su** only change when they come before a plural noun, by adding **-s**.

mi hermano	**mis** hermano**s**
tu hermana	**tus** hermana**s**
su perro	**sus** perro**s**

Remember that some numbers agree with the feminine noun that they go with.

*Cuesta doscient**as** peset**as**.*

Adjectives: summary

Singular		Plural	
Masculine	**Feminine**	**Masculine**	**Feminine**
Masculine ending in -o			
un libro roj**o**	una chaqueta roj**a**	unos libros roj**os**	unas chaquetas roj**as**
Masculine ending in any other letter but -o			
un bolso verd**e**	una blusa verd**e**	unos bolsos verde**s**	unas blusas verde**s**
un abrigo azu**l**	una casa azu**l**	unos abrigos azul**es**	unas casas azul**es**
Adjectives of nationality not ending in -o			
un chico inglé**s**	una chica ingle**sa**	unos chicos ingle**ses**	unas chicas ingle**sas**
un señor españo**l**	una señora español**a**	unos señores español**es**	unas señoras español**as**

Verbs

REGULAR VERBS

When you look up a verb in a dictionary, you will find the **infinitive** (for example *trabajar*, *comer*, *vivir*).

As you can see, there are three types of verbs:

-ar	for example *trabajar*	(to work)
-er	for example *comer*	(to eat)
-ir	for example *vivir*	(to live)

These are called the three **conjugations**.

The ending of the verb shows who is doing the action and whether it is in the present, past or future. There are different sets of endings, according to whether the verb is **-ar**, **-e**r or **-ir**. For most tenses, the endings are added after the **-ar**, **-e**r or **-ir** has been removed from the infinitive. It is important to know which conjugation a verb belongs to, so that you can add the correct ending.

Because Spanish verb endings normally show the person of the verb, it is not usually necessary to use the words for *I*, *you*, *we*, etc. as we do in English.

*trabaj***o**	**I** work
*viv***imos**	**we** live

PRESENT TENSE

	trabajar	to work
(Yo)	*trabaj***o**	**I** work
(Tú)	*trabaj***as**	**you (familiar)** work
(Él/Ella)	*trabaj***a**	**he/she** works
(Vd.)	*trabaj***a**	**you (formal)** work
(Nosotros/as)	*trabaj***amos**	**we** work
(Vosotros/as)	*trabaj***áis**	**you (plural, familiar)** work
(Ellos/Ellas)	*trabaj***an**	**they** work
(Vds.)	*trabaj***an**	**you (plural, formal)** work

As you can see, there are different ways of saying *you* in Spanish:

> **tú**, **usted**, **vosotros**, **vosotras**, **ustedes**.

This is explained on page151.

	comer	to eat
(Yo)	*com***o**	**I** eat
(Tú)	*com***es**	**you (familiar)** eat
(Él/Ella)	*com***e**	**he/she** eats
(Vd.)	*com***e**	**you (formal)** eat
(Nosotros/as)	*com***emos**	**we** eat
(Vosotros/as)	*com***éis**	**you (familiar, plural)** eat
(Ellos/Ellas)	*com***en**	**they** eat
(Vds.)	*com***en**	**you (formal, plural)** eat

	vivir	to live
(Yo)	*viv***o**	**I** live
(Tú)	*viv***es**	**you (familiar)** live
(Él/Ella)	*viv***e**	**he/she** lives
(Vd.)	*viv***e**	**you (formal)** live
(Nosotros/as)	*viv***imos**	**we** live
(Vosotros/as)	*viv***ís**	**you (familiar, plural)** live
(Ellos/Ellas)	*viv***en**	**they** live
(Vds.)	*viv***en**	**you (formal, plural)** live

Once you know the endings for each conjugation, you can add them to every verb in the conjugation.

llamar	to call
hablar	to speak
bajar	to go down
	… use the same endings as *trabajar*.
beber	to drink
	… uses the same ending as *comer*.
escribir	to write
subir	to go up
	… use the same endings as *vivir*.

RADICAL CHANGING VERBS

There are verbs which use the endings for the conjugation they belong to (for example *querer* uses **-er** verb endings and *jugar* uses **-ar** verb endings), but they change or add a vowel in the main part of the verb, the stem.

The most common changes are **e** to **ie** (for example *querer* to *qu***ie***ro*) and **o** to **ue** (*costar* to *c***ue***sta*)

e to **ie**	*prefer***ir**
(Yo)	*prefi***e***ro*
(Tú)	*prefi***e***res*
(Él/Ella)	*prefi***e***re*
(Vd.)	*prefi***e***re*
(Nosotros/as)	*prefer***imos**
(Vosotros/as)	*prefer***ís**
(Ellos/Ellas)	*prefi***e***ren*
(Vds.)	*prefi***e***ren*

o to **ue**	*poder* (to be able)
(Yo)	*p***ue***do*
(Tú)	*p***ue***des*
(Él/Ella)	*p***ue***de*
(Vd.)	*p***ue***de*
(Nosotros/as)	*pod***emos**
(Vosotros/as)	*pod***éis**
(Ellos/Ellas)	*p***ue***den*
(Vds.)	*p***ue***den*

149

Jugar is a radical changing verb. It is the only verb that changes *u* to *ue* rather than *o* to *ue*)

(Yo)	ju**e**go
(Tú)	ju**e**gas
(Él/Ella)	ju**e**ga
(Vd.)	ju**e**ga
(Nosotros/as)	jugamos
(Vosotros/as)	jugáis
(Ellos/Ellas	ju**e**gan
(Vds.)	ju**e**gan

NOTES ON RADICAL CHANGING VERBS

The **nosotros/as** and **vosotros/as** parts (**we** and **you familiar plural**) are the only parts which do not change to **ie** or **ue** in the present tense.

There is no way of recognising a radical changing verb in the infinitive. Not all verbs with **o** or **e** in the stem are radical changing, (for example *comer* and *beber* are not). However, dictionaries and word lists normally identify these verbs by putting the change in brackets after the infinitive, like this: *querer* (**ie**), *costar* (**ue**)

IRREGULAR VERBS

These verbs do not follow any of the regular rules or patterns. Many of the most frequently used verbs in Spanish must be learned separately, because they are unlike any other verb. The most irregular verb of all is *ser* (to be). Every part is unusual in some way.

(Yo)	soy	(Nosotros/as)	somos
(Tú)	eres	(Vosotros/as)	sois
(Él/Ella)	es	(Ellos/Ellas)	son
(Vd.)	es	(Vds.)	son

Except for **tengo**, the verb *tener* (to have) has the form of a radical changing -**er** verb.

(Yo)	tengo
(Tú)	tienes
(Él/Ella)	tiene
(Vd.)	tiene
(Nosotros/as)	tenemos
(Vosotros/as)	tenéis
(Ellos/Ellas)	tienen
(Vds.)	tienen

Apart from **voy** and **vais**, the verb *ir* (to go) follows a pattern of **v- + -ar** endings.

(Yo)	voy	(Nosotros/as)	vamos
(Tú)	vas	(Vosotros)	vais
(Él/Ella)	va	(Ellos/Ellas)	van
(Vd.)	va	(Vds.)	van

Except for **estoy** and the accents on the letter **a** in most endings *estar* (to be) uses the endings of a regular -**ar** verb.

(Yo)	estoy
(Tú)	estás
(Él/Ella)	está
(Vd.)	está
(Nosotros/as)	estamos
(Vosotros/as)	estáis
(Ellos/Ellas)	están
(Vds.)	están

Except for **hago**, *hacer* (to do or to make) is a regular -**er** verb.

(Yo)	hago
(Tú)	haces
(Él/Ella)	hace
(Vd.)	hace
(Nosotros/as)	hacemos
(Vosotros/as)	hacéis
(Ellos/Ellas)	hacen
(Vds.)	hacen

REFLEXIVE VERBS

An example of a reflexive verb in English is *to wash oneself* (*I wash myself, you wash yourself*, etc.).
In English, these verbs sometimes take *myself*, *yourself*, *himself*, *ourselves* or *themselves*.
In Spanish they always take **me**, **te**, **se**, **nos** or **os**.

Many verbs which are reflexive in Spanish are not reflexive in English. The most common is *llamarse* (to be called, literally to call oneself).

(Yo)	**me** llamo
(Tú)	**te** llamas
(Él/Ella)	**se** llama
(Vd.)	**se** llama
(Nosotros/as)	**nos** llamamos
(Vosotros/as)	**os** llamáis
(Ellos/Ellas)	**se** llaman
(Vds.)	**se** llaman

NOTES ON REFLEXIVE VERBS

Se goes on the end of the infinitive (for example *llamarse*).

When the verb is not in the infinitive, the normal place for **me**, **te**, **se**, **nos** or **os** is before the verb.

(Yo)	**me** llamo
(Tú)	**te** llamas

When **no** is used, it goes before **me**, **te**, **se**, etc. but after **yo**, **tú**, etc.

Yo **no** me llamo María, me llamo Maribel.
Él **no** se llama Juan, se llama Francisco.

SER AND ESTAR

Spanish has two verbs meaning *to be*: **ser** and **estar**. The way they are used is normally very clear. In this book they are used in the following ways:

Ser is used to describe the permanent or semi-permanent characteristics of a person, place or thing, for example nationality, size, colour, temperament, occupation.

> **Soy** María.
> **Es** un abanico.
> Málaga **es** una ciudad.
> **Soy** inglesa.
> La camiseta **es** negra.
> El hombre **es** grande.

Estar is used with a noun to refer to the position of a person, or place or thing.

> Málaga **está** en España.
> ¿Dónde **está** Correos?
> **Estoy** en clase.
> Las tiendas de recuerdos **están** enfrente de la catedral.

GUSTAR

There is no verb in Spanish which can be directly translated as *to like*. **Gustar** is used instead. It really means *to be pleasing to*.

gusta	it is pleasing
gustan	they are pleasing

Me gusta Málaga.	I like Malaga.
(literally) Malaga is pleasing to me.	
Me gusta comer.	I like eating
(literally) Eating is pleasing to me.	
Me gustan las hamburguesas.	I like beefburgers
(literally) Beefburgers are pleasing to me.	

The decision whether to use **gusta** or **gustan** depends on whether what is liked is singular (for example *Málaga*), or plural (for example *beefburgers*).
To say **you** like, rather than **I** like, change **me** to **te**.

> **Te** gusta Málaga.
> You like Malaga.   (literally) Malaga is pleasing **to you**.

> **Te** gusta comer.
> You like eating.

> **Te** gustan las hamburguesas, ¿verdad?
> You like beefburger**s**, don't you?

Pronouns

SUBJECT PRONOUNS

These are not often used in Spanish, because the verb endings normally indicate the subject of the verb. (This is why they appear in brackets in all the explanations in this grammar summary.)

However, they can be used for emphasis, and are as follows:

yo	I
tú	you (familiar, singular)
él	he
ella	she
usted (Vd.)	you (formal, singular)
nosotros(as)	we
vosotros(as)	you (familiar, plural)
ellos	they (masculine)
ellas	they (feminine)
ustedes (Vds.)	you (formal, plural)

Tú and usted (Vd.)

There are different words in Spanish for the word **you**. This depends on whether the person being spoken to is
• a friend or young person
• a stranger or older person.

> addressing **a friend**
> **Tú** vives en Madrid, ¿verdad?

> addressing **a stranger or older person**
> **Vd.** vive en Madrid, ¿verdad?

Vosotros and ustedes (Vds.)

There are plural versions of **tú** and **usted** which are used when talking to more than one person.

> addressing **several** friend**s** or **young people**
> **Vosotros** viví**s** en Madrid, ¿verdad?

> addressing **several** stranger**s** or **older people**
> **Vds.** viven en Madrid, ¿verdad?

Note also that there are four verb endings to choose from depending on the type of **you** being used.

POSITION

Subject pronouns normally come before all other parts of the verb phrase, as in English.

> **Yo** no trabajo.   I do not work.

DIRECT OBJECT PRONOUNS

me	me
te	you (familiar)
le	him
lo	it (masculine)
la	her, it (feminine)
nos	us
os	you (plural, familiar)
les	them (masculine, people)
los	them (masculine things)
las	them (feminine people and things)
les	you, (formal, plural)

INDIRECT OBJECT PRONOUNS

me	to/for me
te	to/for you (familiar)
le	to/for him, her, you (formal)
nos	to/for us
os	to/for you (plural, formal)
les	to/for them, you (plural, formal)

REFLEXIVE PRONOUNS

These are the same as object pronouns, except for the third person.

me	myself
te	yourself (familiar)
se	himself/herself/itself
se	yourself (formal)
nos	ourselves
os	yourselves (familiar)
se	themselves
se	yourselves (formal)

Note that **se** is used with the *usted* or *ustedes* form, to mean yourself or yourselves when speaking to strangers or older people.

POSITION

The usual position of object and reflexive pronouns is immediately before the verb and after the subject pronoun and **no**.

With positive commands and infinitives, object (and reflexive) pronouns are joined to the end of the verb.

*Díga**me**.*
*Levánta**te**.* (command)
*Va a visitar**nos**.*
*Prefiero llamar**me** Miguel.* (infinitive)

PRONOUNS WITH PREPOSITIONS

These are sometimes called disjunctive pronouns.
You will already have met examples such as *para mí*.
Para is a preposition, as are: **a**, **de**, **sin**, **con**, **cerca de** and similar expressions of place.

When a pronoun is needed after a preposition (for example in English: **for** me, **near** us), the forms used in Spanish are as follows:

mí	me
ti	you (singular, familiar)
él	him, it (masculine)
ella	her, it (feminine)
usted	you (singular, formal)
nosotros(as)	us
vosotros(as)	you (plural, familiar)
ellos	them (masculine)
ellas	them (feminine)
ustedes	you (plural, formal)

Spanish	English
A	
a	to, at
abajo	below
abanico	fan
abecedario	alphabet
abierto	open
abre	pen
abril	april
abuela	grandmother
abuelo	grandfather
aceptar	to accept
acuático: deportes acuáticos	water sports
acuerdo: de acuerdo	agreed
adiós	goodbye
adivinar	to guess
¿adónde?	where ... ?
aeropuerto	airport
agosto	August
agua mineral	mineral water
ahora	now
algo: ¿algo más?	anything else?
alguien	someone
algunas	some
allí	there
almacenes	department stores
alto	tall
amarillo	yellow
América	South America
amigo(a)	friend
animal	pet
años	years
antiguo	old
anuncios	advertisements
aparcamientos	carparks
aprender	to learn
apuntar	to note down
aquí	here
árabe	arab
árbol genealógico	family tree
arriba	above
artes populares	popular arts
artículo	article
así	so
aspectos	aspects
ausente	absent
autobús	bus
avenida	avenue
ayudar	to help
Ayuntamiento	Town Hall
azul	blue
B	
bacalao	cod
bailar	to dance
baile	dance
baje	go down
bajo	short
baloncesto	basketball
banco	bank
bar	bar, pub
barato	cheap
barra (of bread)	loaf (of bread)
bastante	enough, quite
batir el récord	to beat the record
batería	drums
beber	to drink
bebidas	drinks
bella	pretty, attractive
besos	love (lit. kisses)
bien	well, good

Spanish	English
bienvenidos	welcome
billete	ticket
blanco	white
bocadillo	sandwich
bolígrafo	biro, pen
bolso (de piel)	(leather) bag
botella	bottle
brazo	arm
buenas tardes	good afternoon
bueno	good
buenos días	good morning, hello
busca	look
buzón	post box
C	
caballo	horse
cabeza	head
cada	each
café (solo)	(black) coffee
café	café
cafetería	cafeteria
caja	box, cash desk
calamares	squid
calcula	work out
calidad	quality
cállate	be quiet
calle	street
camarero(a)	waiter (waitress)
cambia	change
camiseta	teeshirt
camping	campsite
campo	country(side)
campo de golf	golf course
Canadá	Canada
canción	song
candidato	candidate
cantante	singer
canto	I sing
capacidad	capacity
caramelos	sweets
carne	meat
caro	dear, expensive
carta	letter, menu
casa	house, home
casete	cassette
castaño	chestnut brown
castañuelas	castanets
castillo	castle
catarro	cold
catedral	cathedral
cenar	to have dinner
cerca	near
cerdo	pork
cereales	cereals
cerrado	closed
cerveza	beer
ciclismo	cycling
cierra (cerrar)	close
cine	cinema
cinta	tape
cinturón	belt
ciudad	city
claro	of course
clase	class, lesson
cliente	customer
colecciona	collect
colegio	school
coliflor	cauliflower
color	colour
comer	to eat
comida	meal
como	as, like
¿cómo?	how, what ... like?

Spanish	English
combinaciones	combinations
compañeros	classmates
compara	compare
completar	to complete
complicaciones	complications
comprar	to buy
común: en común	in common
con	with
conductor	driver
conejo	rabbit
conejo de indias	guinea pig
construido	built
contesta	answer
continuar	to continue
contra-reloj	against the clock
contrastes	contrasts
conversación	conversation
correcto	correct
Correos	Post Office
corresponsal	penfriend
corrida de toros	bullfight
corto	short
costa	coast
criminales	criminals
cruce	cross
cruz	cross
cuaderno	exercise book
¿cuál?	which
cuando	when
¿cuándo?	when?
¿cuánto?	how much
cuenta	bill
cuesta (costar)	costs
cuestión	question
cuevas	caves
¡cuidado!	take care
cumpleaños	birthday
curso intensivo	intensive course
CH	
chaqueta	jacket
charla	chat
chica	girl
chico	boy
chistera	racket (for pelota)
chocolate	chocolate
chuleta	chop
churros	churros
D	
dan (dar)	they give
de	of, from
de acuerdo	agreed
de nada	not at all
decide	decide
delgado	slim
demasiado	too, too much
depende	it depends
dependiente(a)	shop assistant
deportes	sports
deportista	sporting
derecha	right
desayuno	breakfast
describe	describe
descripción	description
desea: ¿Qué desea?	What would you like?
despido: me despido	I say goodbye
detalles	details
día	day
diálogo	dialogue
dibujo	picture
diccionario	dictionary

153

dice (decir)	say
diciembre	December
diferencia	difference
diferente	different
difícil	difficult
dígame (decir)	tell me
dinámico	dynamic
dinero	money
dirección	address
directo	direct
director	headteacher, manager
disco	record
discoteca	discothèque
dolor	pain
domingo	Sunday
donde	where
¿dónde?	where?
duele (doler)	hurts
dueño	owner
dura	lasts
durante	during

E

e	and (after an i or y)
económico	economical
edad	age
ejemplo	example
el	the
él	he
electrónico	electronic
elegante	elegant
ella	she
ellos(as)	them
empleado	worker
en	in, on
en seguida	immediately
en total	in total
encontrar	to meet
encuesta	survey
enero	January
enseña	show
enfrente (de)	in front (of)
entiendo (entender)	I understand
entonces	then
entrada	ticket
entre	between
entrevista	interview
entusiasmo	enthusiasm
enviar	to send
equitación	horseriding
eres (ser)	you are
error	mistake
es (ser)	is
escocés	Scottish
Escocia	Scotland
escoge (escoger)	choose
escribe (escribir)	write
escucha (escuchar)	listen
España	Spain
español	Spanish
espléndido	splendid
está (estar)	is
estación	station
estadio	stadium
Estados Unidos	United States
estanco	tobacconist's
este	this
éste	this one
estoy (estar)	I am
estudiantes	students
estudios	studies
estupendo	great

Europa	Europe
exámenes	exams
excavada	excavated
excelente	excellent
excursión	trip
explicar	to explain

F

fábrica	factory
fácil	easy
fama	fame
familia	family
famoso	famous
fanático	fanatic
farmacéutico	chemist
farmacia	chemist's
fastidia	annoys
fatal	deadly, terrible
favor: por favor	please
favorito	favourite
febrero	February
fecha de nacimiento	date of birth
festivos	holidays
ficha	card
fichero personal	personal file
fiebre	temperature
fiesta	fiesta, festival
final: al final (de)	at the end (of)
fines de semana	weekends
flamenco	flamenco
flan	caramel custard
flauta	flute
folleto	leaflet
footing	jogging
foto	photograph
fotocopia	photocopy
francés	French
Francia	France
frases útiles	useful phrases
frito	fried
fruta (del tiempo)	fruit
fue (ir)	went
fútbol	football
futbolista	footballer

G

gafas	glasses
galés	Welsh
Gales	Wales
galletas	biscuits
gambas	prawns
garganta	throat
gato	cat
gazpacho	cold soup
gemelos	twins
gimnasia	gymnastics
goma	rubber, eraser
gordo	fat
gracias	thank you
gramos	grammes
grande	big, large
gratis	free
grave	serious
grillo	cricket (insect)
gris	grey
grupo	group
guapo	pretty
guía	guide
guisantes	peas
guitarra	guitar
gustar	to like
gustos	likes

H

habla: se habla	is spoken
hacer	to do, make
hambre	hunger
hamburguesas	beefburgers
hasta mañana	see you tomorrow
hay	there is/are
¿hay ...... por aquí?	is there ...... near here?
haz (hacer)	do
helado	ice cream
hermano(a)	brother (sister)
hijo(a)	son (daughter)
hijo(a) único(a)	only child
hockey	hockey
hola	hello
hombre	man
hora	time, hour
horario	timetable
hotel	hotel
huevos	eggs

I

identidad	identity
iglesia	church
imágen	picture
imagina	imagine
imbécil	idiot
importante	important
incluido	included
increíble	incredible
independiente	independent
indica	point to
información	information
informática	information technology
ingeniero	engineer
Inglaterra	England
inglés	English
ingredientes	ingredients
inofensivo	inoffensive
insolación	sunstroke
instituto	school
instrucciones	instructions
instrumento	instrument
interés	interest
interesante	interesting
interrupción	interruption
introducción	introduction
inventa	make up
invitan	they invite
ir	to go
Irlanda	Ireland
izquierda	left

J

jamón (serrano)	(cured) ham
jarabe	cough mixture
jardines	gardens
joven	young
jóvenes	young people
juego (jugar)	I play
juego	game
jueves	Thursday
jugar	to play
jugadores	players
julio	July
junio	June

K

kilo	kilo
kilómetro	kilometre

L

la	the, her, it (fem)
lado: al lado (de)	at the side (of)
lanzan	they throw
lápiz	pencil
las	them
lata	tin, can
latinoamericano	Latin American
le	him
leche	milk
lectores	readers
lee	read
lejos (de)	far (from)
leo	I read
les	them
letra	letter
letrero	sign
levanta	put up
libre	free
libro	book
limón	lemon
limonada	lemonade
lista	list
lo	it
lo que	what
loco	mad
los	them
lugar (de interés)	place (of interest)
lunes	Monday

LL

llamo: me llamo	I am called
llave	key
llegar	to arrive
lleva	wears
llevo: me lo llevo	I'll take it

M

madre	mother
magnífico	tremendous
mal	badly, ill
malagueño	from Malaga
mañana	tomorrow, morning
mandan	they send
mano	hand
mantequilla	butter
manzanas	apples
mapa	map
marido	husband
mariscos	shellfish
marrón	brown
martes	Tuesday
marzo	March
más	more
mayo	May
mayor	older
me	me
medicamentos	medicines
médicos	doctors
medieval	mediaeval
medio	half
mediodía	midday
Méjico	Mexico
memoria:	
de memoria	off by heart
mencionadas	mentioned
menor	younger

menores de	younger than
mentira	lie
menú	menu
mercado	market
mermelada	jam
merluza	hake
mesa	table
mi	my
mí	me
miembro	member
miércoles	Wednesday
minutos	minutes
mira	look
mismo	same
modesto	modest
monedero	purse
montañas	mountains
monumento	monument
moreno	dark
muchas gracias	thank you very much
muchísimo	very much
mucho	much, a lot
mucho gusto	pleased to meet you
muchos	many
muelas	teeth
mujer	wife, woman
muñeca	doll
murió (morir)	died
museo	museum
muy	very
muy bien	very good, very well

N

nacionalidad	nationality
nada: de nada	don't mention it
nada más	nothing else
naranja	orange
naranjada	orange drink
natación	swimming
necesitan	they need
negro	black
niños	children
no	no, not
noche: de noche	by night
nombre	name
normalmente	normally
nosotros	us
notas	notes
noviembre	November
número	number

O

o	or
objeto de regalo	present
obtienen (obtener)	they obtain
octubre	October
oficina de turismo	tourist office
ofrece	offer
oiga (oir)	listen
ojos	eyes
opinas	you think
opinión	opinion
orden	order
otro	other
oye (oir)	listen

P

padre	father
padres	parents
paella	paella (rice dish)

pagar	pay
página	page
país	country
pájaro	bird
palabras	words
pan	bread
panadería	baker's
paquete	parcel
para	for
pared	wall
pareja	partner
parque	park
parte	part
participantes	participants
partido (de fútbol)	(football) match
pasar	spend
pasatiempo	pastime
paseo	stroll
pastillas	lozenges
patatas	potatoes
pausa	pause
película	film
pelo	hair
pelota	pelota (game similar to squash)
península	peninsula
pequeño	small
perdone	sorry, excuse me
pero	but
perro	dog
persona	person
pesca	fishing
pescado	fish
peseta	peseta
peso	peso
pez	fish
picaduras	insect bites
pide (pedir)	ask for
pie	foot
pierde (perder)	loses
piernas	legs
piscina	swimming pool
piso	flat
pizarra	blackboard
plano	plan
plátano	banana
platos	dishes, courses
playa	beach
plaza	square
plaza de toros	bullring
poco	little
poesía	poem
policía	police
polideportivo	sports centre
pollo (asado)	(roast) chicken
pon (poner)	put
por	by, through
por favor	please
porque	because
¿por qué?	why
positivo	positive
postal	postcard
postre	sweet
practicar	practise
precio	price
preferencias	preferences
preguntas	questions
presente	present
presento:	
me presento	let me introduce myself
presidente	president
primero	first
principal	main

155

príncipe	prince	segundo	second	trabajo	I work
principio	beginning	selección	selection	traducción	translation
problema	problem	sello	stamp	tren	train
profesor(a)	teacher	semana	week	tu	your
programador de	computer	señor	sir	tú	you
ordenadores	programmer	señora	madam	turistas	tourists
prohibidas	forbidden	señorita	miss	túrnate	take turns
pronto	soon, quickly	ser	to be	turrón	'turrón', Spanish
pronunciación	pronunciation	servicio(s)	toilet(s)		confectionery made
provincia	province	si	if		of almonds and
proyecto	plan	sí	yes		honey
prueba	test	siempre	always	tuya	yours
pudín	pudding	siéntate (sentase)	sit down		
puede:		siento (sentir):	to feel		
se puede (poder)	can	me siento	I feel	**U**	
puedes (poder)	you can	lo siento	I am sorry	u	or (after an o)
puerta	door	siga (seguir)	carry on	un(a)	a, one
puerto	port	significa	means	único	only
pues	well, then	siguiente	following	unidad	unit
puzzle	puzzle	silla	chair	unidad de moneda	unit of currency
		sin	without	urgente	urgent
		síntomas	symptoms	usar	to use
Q		sitio	place	usted	you
que	that	situada	situated		
¿qué?	what	sobre	on		
¿qué tal?	how are you?	sol	sun	**V**	
quemaduras (de sol)	(sun)burn	son (ser)	they are	va (ir)	goes
queso	cheese	soy (ser)	I am	vacaciones	holidays
¿quién?	who?	suba	go up	vale	fine, agreed
quiere (querer)	wants	sugerencias	suggestions	¿vale?	okay?
quisiera (querer)	I would like	sur	south	variar: para variar	for a change
				varias	several
				variedad	variety
R		**T**		vaso	glass
ración	portion	también	also	veces	times
ratón	mouse	tapas	bar snacks	vela	sailing
ratos libres	free time	tarde	afternoon	ven (venir)	come
recibir	to receive	taza	cup	venden: se venden	are sold
recogida	collection	te	you	venir	to come
reconocer	recognise	té	tea	ventana	window
récord	record	teatro romano	roman theatre	verdad	true
recto: todo recto	straight on	técnico	technician	¿verdad?	isn't it?, don't you?
recuerdos	souvenirs	teléfono	telephone	verde	green
regalo	present	televisión	television	verduras	vegetables
regla	rule, ruler	tenemos (tener)	we have	viejo	old
regular	so-so	tenis	tennis	viernes	Friday
reina	queen	tengo (tener)	I have	vino tinto	red wine
rellenar	to fill in	Tengo .... años.	I am .... years old.	visitar	to visit
reloj	watch, clock	terminar	finish	vivo	I live
remedios	cures	tesoro	treasure	vocabulario	vocabulary
RENFE	Spanish national	testigo	witness	voy (ir)	I go
	railways	texto	text	vuelta	a stroll
repetición	repetition	ti	you		
repetir	to repeat	tiempo libre	free time		
repite (repetir)	repeat	tienda de recuerdos	souvenir shop	**W**	
respuesta	reply	tiene (tener)	has	walkman	personal stereo
restaurante	restaurant	típicamente	typically		
restricciones	restrictions	típico	typical		
resultados	results	tiritas	plasters	**Y**	
revista	magazine	tocar	to play	y	and
rey	king	todavía	still	yo	I
rojo	red	todo recto	straight on	yogur	yogurt
rompecabezas	puzzle	todos	all, every		
rubio	blond	tomar	to have (of food and		
rutina	routine		drink)	**Z**	
		tomate	tomato	zumo de naranja	orange juice
		tome	take		
S		toreo	bullfighting		
sábado	Saturday	toro	bull		
sabes	you know	torre	tower		
saca	take out	tortilla española	Spanish omelette		
se	him/her/itself	tos	cough		
sé (saber)	I know	total: en total	in total		
sed	thirsty	trabajar	to work		

156

English	Spanish
A	
a	un(a)
above	arriba
absent	ausente
to accept	aceptar
address	dirección (f.)
advertisements	anuncios (m.pl.)
afternoon	tarde (f.)
against the clock	contra-reloj
age	edad (f.)
agreed	de acuerdo, vale
airport	aeropuerto (m.)
all	todos
alphabet	abecedario (m.)
also	también
always	siempre
I am	estoy (estar), soy (ser)
and	y, e (after an *i* or *y*)
annoys	fastidia
answer	contesta
anything else?	¿algo más?
apples	manzanas (f.pl.)
april	abril
arab	árabe
they are	son (ser)
you are	eres (ser)
arm	brazo (m.)
to arrive	llegar
article	artículo (m.)
as	como
ask for	pide (pedir)
aspects	aspectos (m.pl.)
at	a
at the end (of)	al final (de)
at the side (of)	al lado (de)
attractive	bella, guapo
August	agosto
avenue	avenida (f.)
B	
badly	mal
(leather) bag	bolso (m.) (de piel)
baker's	panadería (f.)
banana	plátano (m.)
bank	banco (m.)
bar snacks	tapas (f.pl.)
bar, pub	bar, café (m.)
basketball	baloncesto (m.)
to be	ser, estar
beach	playa (f.)
to beat the record	batir el récord
because	porque
beefburgers	hamburguesas (f.pl.)
beer	cerveza (f.)
beginning	principio (m.)
below	abajo
belt	cinturón (m.)
between	entre
big	grande
bill	cuenta (f.)
bird	pájaro (m.)
biro	bolígrafo (m.)
birthday	cumpleaños (m.)
biscuits	galletas (f.pl.)
black	negro
blackboard	pizarra (f.)
blond	rubio
blue	azul
book	libro (m.)
bottle	botella (f.)
box	caja (f.)
boy	chico (m.)
bread	pan (m.)
breakfast	desayuno (m.)
brother	hermano (m.)
brown	marrón
built	construido
bull	toro (m.)
bullfight	corrida de toros
bullfighting	toreo
bullring	plaza de toros
bus	autobús (m.)
but	pero
butter	mantequilla (f.)
to buy	comprar
by night	de noche
by	por
C	
café	café (m.)
cafeteria	cafetería (f.)
cash desk	caja (f.)
I am called	me llamo
campsite	camping (m.)
can	lata (f.)
can	se puede (poder)
you can	puedes (poder)
Canada	Canadá (m.)
candidate	candidato (m.)
capacity	capacidad (f.)
caramel custard	flan (m.)
card	ficha (f.)
carparks	aparcamientos (m.pl)
carry on	siga (seguir)
cassette	casete (m.)
castanets	castañuelas (f.pl.)
castle	castillo (m.)
cat	gato (m.)
cathedral	catedral (f.)
cauliflower	coliflor (f.)
caves	cuevas (f.pl.)
cereals	cereales (m.pl.)
chair	silla (f.)
change	cambia
for a change	para variar
chat	charla (f.)
cheap	barato
cheese	queso (m.)
chemist	farmacéutico (m.)
chemist's	farmacia (f.)
chestnut brown	castaño
(roast) chicken	pollo (m.) (asado)
only child	hijo (m.) único / hija (f.) única
children	niños (m.pl.)
chocolate	chocolate (m.)
choose	escoge (escoger)
chop	chuleta (f.)
church	iglesia (f.)
cinema	cine (m.)
city	ciudad (f.)
class	clase (f.)
classmates	compañeros (m.pl.)
clock	reloj (m.)
close	cierra (cerrar)
closed	cerrado
coast	costa (f.)
cod	bacalao (m.)
(black) coffee	café (solo) (m.)
cold	catarro (m.)
collect	colecciona
collection	recogida (f.)
colour	color (m.)
combinations	combinaciones (f.pl.)
come	ven (venir)
to come	venir
in common	en común
compare	compara
to complete	completar
complications	complicaciones (f.pl.)
computer programmer	programador (m.) de ordenadores
to continue	continuar
contrasts	contrastes (m.pl.)
conversation	conversación (f.)
correct	correcto
costs	cuesta (costar)
cough	tos (f.)
cough mixture	jarabe (m.)
country	país (m.)
country(side)	campo (m.)
of course	claro
courses	platos (m.pl.)
cricket (insect)	grillo (m.)
criminals	criminales (m.pl.)
cross	cruce
cross	cruz (f.)
cup	taza (f.)
cures	remedios (m.pl.)
customer	cliente (m.)
cycling	ciclismo (m.)
D	
dance	baile
to dance	bailar
date of birth	fecha (f.) de nacimiento
daughter	hija (f.)
day	día (m.)
deadly	fatal
dear	caro
December	diciembre
decide	decide
department stores	almacenes (m.pl.)
it depends	depende
describe	describe
description	descripción (f.)
details	detalles (m.pl.)
dialogue	diálogo (m.)
dictionary	diccionario (m.)
died	murió (morir)
difference	diferencia (f.)
different	diferente
difficult	difícil
direct	directo
discothèque	discoteca (f.)
dishes	platos (m.pl.)
do	haz (hacer)
to do	hacer
doctors	médicos (m.pl.)
dog	perro (m.)
doll	muñeca (f.)
don't mention it	de nada
door	puerta (f.)
to drink	beber
drinks	bebidas (f.pl.)
driver	conductor (m.)
drums	batería (f.)
during	durante
dynamic	dinámico
E	
each	cada
easy	fácil
to eat	comer
economical	económico

157

eggs	huevos (m.pl.)
electronic	electrónico
elegant	elegante
engineer	ingeniero (m.)
England	Inglaterra
English	inglés
enough	bastante
enthusiasm	entusiasmo (m.)
eraser	goma (f.)
Europe	Europa
every, all	todos
example	ejemplo (m.)
exams	exámenes (m.pl.)
excavated	excavada
excellent	excelente
exercise book	cuaderno (m.)
excuse me	perdone
expensive	caro
to explain	explicar
eyes	ojos (m.pl.)

F

factory	fábrica (f.)
fame	fama (f.)
family	familia (f.)
family tree	árbol (m.) genealógico
famous	famoso
fan	abanico (m.)
fanatic	fanático (m.)
far (from)	lejos (de)
fat	gordo
father	padre (m.)
favourite	favorito
February	febrero
to feel	sentir (siento)
I feel	me siento
fiesta, festival	fiesta (f.)
to fill in	rellenar
film	película (f.)
fine	vale
finish	terminar
first	primero
fish	pescado (m.)
fish	pez (m.)
fishing	pesca (f.)
flamenco	flamenco
flat	piso (m.)
flute	flauta (f.)
following	siguiente
foot	pie (m.)
football	fútbol (m.)
(football) match	partido (m.) (de fútbol)
footballer	futbolista (m./f.)
for	para
forbidden	prohibidas
France	Francia
free	gratis
free	libre
free time	ratos libres (m.pl.), tiempo (m.) libre
French	francés
Friday	viernes
fried	frito
friend	amigo (m.) amiga (f.)
from	de
from Malaga	malagueño
in front (of)	enfrente (de)
fruit	fruta (f.) (del tiempo)

G

game	juego (m.)
gardens	jardines (m.pl.)
girl	chica (f.)
they give	dan (dar)
glass	vaso (m.)
glasses	gafas (f.pl.)
to go	ir
I go	voy (ir)
go down	baje
go up	suba
goes	va (ir)
golf course	campo (m.) de golf
good	bueno, bien
very good	muy bien
good afternoon	buenas tardes (f.pl.)
good morning	buenos días (m.pl.)
goodbye	adiós
I say goodbye	me despido
grammes	gramos (m.pl.)
grandfather	abuelo (m.)
grandmother	abuela (f.)
great	estupendo
green	verde
grey	gris
group	grupo (m.)
to guess	adivinar
guide	guía (m./f.)
guinea pig	conejo (m.) de indias
guitar	guitarra (f.)
gymnastics	gimnasia (f.)

H

hair	pelo (m.)
hake	merluza (f.)
half	medio
(cured) ham	jamón (m.) (serrano)
hand	mano (f.)
has	tiene (tener)
I have	tengo (tener)
we have	tenemos (tener)
to have (food, drink)	tomar
to have dinner	cenar
he	él
head	cabeza (f.)
headteacher	director (m.)
hello	hola, buenos días
to help	ayudar
her	la
here	aquí
him	le
him/her/itself	se
hockey	hockey (m.)
holidays	festivos, (m.pl.) vacaciones (f.pl.)
home	casa (f.)
horse	caballo (m.)
horseriding	equitación (f.)
hotel	hotel (m.)
hour	hora (f.)
house, home	casa (f.)
how are you?	¿qué tal?
how much	¿cuánto?
how?	¿cómo?
hunger	hambre (f.)
hurts	duele (doler)
husband	marido (m.)

I

I	yo
ice cream	helado (m.)
identity	identidad (f.)
idiot	imbécil (m./f.)

if	si
ill	mal
imagine	imagina
immediately	en seguida
important	importante
in	en
included	incluido
incredible	increíble
independent	independiente
information	información (f.)
information technology	informática (f.)
ingredients	ingredientes (m.pl.)
inoffensive	inofensivo
insect bites	picaduras (f.pl.)
instructions	instrucciones (f.pl.)
instrument	instrumento (m.)
intensive course	curso (m.) intensivo
interest	interés (m.)
interesting	interesante
interruption	interrupción (f.)
interview	entrevista (f.)
let me introduce myself	me presento
introduction	introducción (f.)
they invite	invitan
Ireland	Irlanda
is	es (ser), está (estar)
is there ...... near here?	¿hay ...... por aquí?
isn't it, don't you?	¿verdad?
it	lo, la (fem)

J

jacket	chaqueta (f.)
jam	mermelada (f.)
January	enero
jogging	footing (m.)
July	julio
June	junio

K

key	llave (f.)
kilo	kilo (m.)
kilometre	kilómetro (m.)
king	rey (m.)
I know	sé (saber)
you know	sabes

L

large	grande
lasts	dura
Latin American	latinoamericano
leaflet	folleto (m.)
to learn	aprender
left	izquierda
legs	piernas (f.pl.)
lemon	limón (m.)
lemonade	limonada (f.)
lesson	clase (f.)
letter	letra (f.)
letter, menu	carta (f.)
lie	mentira (f.)
like, as	como
to like	gustar
I would like	quisiera (querer)
What would you like?	¿Qué desea?
likes	gustos (m.pl.)
list	lista (f.)
listen	escucha (escuchar), oiga (oir), oye, (oir)
little	poco

158

I live	vivo
loaf (of bread)	barra (f.)
look	busca, mira
loses	pierde (perder)
a lot	mucho
love (lit. kisses)	besos (m.pl.)
lozenges	pastillas (f.pl.)

M

mad	loco
madam	señora (f.)
magazine	revista (f.)
main	principal
to make	hacer
make up	inventa
man	hombre (m.)
manager	director (m.)
many	muchos
map	mapa (m.)
March	marzo
market	mercado (m.)
May	mayo
me	me, mí
meal	comida (f.)
means	significa
meat	carne (f.)
mediaeval	medieval
medicines	medicamentos (m.pl.)
to meet	encontrar
member	miembro (m.)
mentioned	mencionadas
menu	menú (m.)
Mexico	Méjico
midday	mediodía
milk	leche (f.)
mineral water	agua (f.) mineral
minutes	minutos (m.pl.)
miss	señorita (f.)
mistake	error (m.)
modest	modesto
Monday	lunes
money	dinero (m.)
monument	monumento (m.)
more	más
morning	mañana (f.)
good morning	buenos días (m.pl.)
mother	madre (f.)
mountains	montañas (f.pl.)
mouse	ratón (m.)
much, a lot	mucho
how much	¿cuánto?
too much	demasiado
very much	muchísimo
museum	museo (m.)
my	mi

N

name	nombre (m.)
nationality	nacionalidad (f.)
near	cerca
they need	necesitan
by night	de noche
no, not	no
normally	normalmente
not at all	de nada
to note down	apuntar
notes	notas (f.pl.)
nothing else	nada más
November	noviembre
now	ahora
number	número (m.)

O

they obtain	obtienen · (obtener)
October	octubre
of course	claro
of	de
off by heart	de memoria
offer	ofrece
okay?	¿vale?
old	antiguo
old	viejo
older	mayor
on	sobre, en
one	un(a)
only	único
only child	hijo(a) único(a)
open	abierto, abre
opinion	opinión (f.)
or	o, u (after an o)
orange	naranja (f.)
orange drink	naranjada (f.)
orange juice	zumo (m.) de naranja
order	orden (m.)
other	otro
owner	dueño (m.)

P

paella (rice dish)	paella (f.)
page	página (f.)
pain	dolor (m.)
parcel	paquete (m.)
parents	padres (m.pl.)
park	parque (m.)
part	parte (f.)
participants	participantes (m.pl.)
partner	pareja (f.)
pastime	pasatiempo (m.)
pause	pausa (f.)
pay	pagar
peas	guisantes (m.pl)
pelota (game similar to squash)	pelota (f.)
pen	bolígrafo (m.)
pencil	lápiz (m.)
penfriend	corresponsal (m./f.)
peninsula	península (f.)
person	persona (f.)
personal file	fichero (m.) personal
personal stereo	walkman (m.)
peseta	peseta (f.)
peso	peso (m.)
pet	animal (m.)
photocopy	fotocopia (f.)
photograph	foto (f.)
picture	dibujo (m.) imágen (m.)
place	sitio (m.)
place (of interest)	lugar (m.) (de interés)
plan	plano (m.)
plan	proyecto (m.)
plasters	tiritas (f.pl.)
I play	juego (jugar)
to play	jugar, tocar
players	jugadores (m.pl.)
please	por favor
pleased to meet you	mucho gusto
poem	poesía (f.)
point to	indica
police	policía (f.)
popular arts	artes (m.pl.) populares

pork	cerdo (m.)
port	puerto (m.)
portion	ración (f.)
positive	positivo
Post Office	Correos
post box	buzón (m.)
postcard	postal (f.)
potatoes	patatas (f.pl.)
practise	practicar
prawns	gambas (f.pl.)
preferences	preferencias (f.pl.)
present	(objeto (m.) de regalo, presente (m.)
president	presidente (m.)
pretty	bella, guapo
price	precio (m.)
prince	príncipe (m.)
problem	problema (m.)
pronunciation	pronunciación (f.)
province	provincia (f.)
pudding	pudín (m.)
purse	monedero (m.)
put	pon (poner)
put up	levanta
puzzle	puzzle, (m.) rompecabezas (m.)

Q

quality	calidad (f.)
queen	reina (f.)
question	cuestión (f.)
questions	preguntas (f.pl.)
quickly	pronto
be quiet	cállate
quite	bastante

R

rabbit	conejo (m.)
racket (for *pelota*)	chistera (f.)
read	lee
I read	leo
readers	lectores (m.pl.)
to receive	recibir
recognise	reconocer
record	disco, (m.) récord (m.)
red	rojo
red wine	vino (m.) tinto
to repeat	repetir
repeat	repite (repetir)
repetition	repetición (f.)
reply	respuesta (f.)
restaurant	restaurante (m.)
restrictions	restricciones (f.pl.)
results	resultados (m.pl.)
right	derecha
roman theatre	teatro (m.) romano
routine	rutina (f.)
rubber	goma (f.)
rule, ruler	regla (f.)

S

sailing	vela (f.)
same	mismo
sandwich	bocadillo (m.)
Saturday	sábado
say	dice (decir)
I say goodbye	me despido
school	colegio (m.)
school	instituto (m.)
Scotland	Escocia
Scottish	escocés
second	segundo

159

vocabulary

see you tomorrow	hasta mañana
selection	selección (f.)
to send	enviar
they send	mandan
serious	grave
several	varias
she	ella
shellfish	mariscos (m.pl.)
shop assistant	dependiente (m.)
	dependienta (f.)
short	bajo, corto
show	enseña
sign	letrero (m.)
I sing	canto
singer	cantante (m./f.)
sir	señor (m.)
sister	hermana (f.)
sit down	siéntate (sentase)
situated	situada
slim	delgado
small	pequeño
so	así
so-so	regular
are sold	se venden
some	algunas
someone	alguien
son	hijo (m.)
song	canción (f.)
soon	pronto
sorry	perdone
I am sorry	lo siento
soup (cold)	gazpacho (m.)
south	sur (m.)
South America	América
souvenir shop	tienda (f.) de
	recuerdos
souvenirs	recuerdos (m.pl.)
Spain	España
Spanish	español
Spanish national	
railways	RENFE
Spanish omelette	tortilla (f.) española
spend	pasar
splendid	espléndido
is spoken	se habla
sporting	deportista
sports	deportes (m.pl.)
sports centre	polideportivo (m.)
square	plaza (f.)
squid	calamares (m.pl.)
stadium	estadio (m.)
stamp	sello (m.)
station	estación (f.)
still	todavía
straight on	todo recto
street	calle (f.)
stroll	paseo (m.)
a stroll	vuelta (f.)
students	estudiantes (m./f.pl.)
studies	estudios (m.pl.)
suggestions	sugerencias (f.pl.)
sun	sol (m.)
(sun)burn	quemaduras (f.pl.)
	(de sol)
Sunday	domingo
sunstroke	insolación (f.)
survey	encuesta (f.)
sweet	postre (m.)
sweets	caramelos (m.pl.)
swimming	natación (f.)
swimming pool	piscina (f.)
symptoms	síntomas (m.pl.)

T

table	mesa (f.)
take	tome
I'll take it	me lo llevo
take care	¡cuidado!
take out	saca
take turns	túrnate
tall	alto
tape	cinta (f.)
tea	té (m.)
teacher	profesor (m.)
	profesora (f.)
technician	técnico (m.)
teeshirt	camiseta (f.)
teeth	muelas (f.pl.)
telephone	teléfono (m.)
television	televisión (f.)
tell me	dígame (decir)
temperature	fiebre (f.)
tennis	tenis (m.)
terrible	fatal
test	prueba (f.)
text	texto (m.)
thank you	gracias
thank you very	
much	muchas gracias
that	que
the	el
the (fem)	la
them	ellos(as), las,
	les, los
then	entonces
there	allí
there is/are	hay
you think	opinas
thirst	sed (f.)
this	este
this one	éste
throat	garganta (f.)
through	por
they throw	lanzan
Thursday	jueves
ticket	billete (m.),
	entrada (f.)
time	hora (f.)
times	veces (f.pl.)
timetable	horario (m.)
tin	lata (f.)
to	a
tobacconist's	estanco (m.)
toilet(s)	servicio(s) (m.)
tomato	tomate (m.)
tomorrow	mañana
too, too much	demasiado
in total	en total
tourist office	oficina (f.) de
	turismo
tourists	turistas (m.pl.)
tower	torre (f.)
Town Hall	Ayuntamiento (m.)
train	tren (m.)
translation	traducción (f.)
treasure	tesoro (m.)
tremendous	magnífico
trip	excursión (f.)
true	verdad
Tuesday	martes
turrón	
(confectionery)	turrón (m.)
twins	gemelos(as)
typical	típico
typically	típicamente

U

I understand	entiendo (entender)
unit	unidad (f.)
unit of currency	unidad (f.) de moneda
United States	Estados Unidos
urgent	urgente
us	nosotros
to use	usar
useful phrases	frases útiles (f.pl.)

V

variety	variedad (f.)
vegetables	verduras (f.pl.)
very	muy
very good/well	muy bien
very much	muchísimo
to visit	visitar
vocabulary	vocabulario (m.)

W

waiter	camarero (m.)
waitress	camarera (f.)
Wales	Gales
wall	pared (f.)
wants	quiere (querer)
watch	reloj (m.)
water sports	deportes (m.pl.) acuáticos
wears	lleva
Wednesday	miércoles
week	semana (f.)
weekends	fines (m.pl.) de semana
welcome	bienvenidos
well	bien
very well	muy bien
well, then	pues
Welsh	galés
went	fue (ir)
what	lo que
what?	¿qué?
what ... like?	¿cómo?
when	cuando
when?	¿cuándo?
where	donde
where ... ?	¿adónde?
where?	¿dónde?
which	¿cuál?
white	blanco
who?	¿quién?
why	¿por qué?
wife	mujer (f.)
window	ventana (f.)
with	con
without	sin
witness	testigo (m.)
woman	mujer (f.)
words	palabras (f.pl.)
to work	trabajar
I work	trabajo
work out	calcula
worker	empleado (m.)
write	escribe (escribir)

Y

years	años (m.pl.)
I am .... years old.	Tengo .... años.
yellow	amarillo
yes	sí
yogurt	yogur (m.)
you	te, ti, tú, usted
young	joven
young people	jóvenes (m./f.pl.)
younger	menor
younger than	menores de
your	tu
yours	tuya